Gérer une crise

L'édition originale de cet ouvrage a été publiée en Grande-Bretagne par Prentice-Hall, Harlow, sous le titre *Fast Thinking: Crisis.*

ISBN : 2-84211-128-1

Gérer une crise

- Annoncer une mauvaise nouvelle
- Se sortir de situations difficiles
- Limiter les dégâts

Ros Jay

Village Mondial

Sommaire

Introduction

Surtout, ne paniquez pas ! Tout allait très bien quand tout à coup… la catastrophe. Une panne d'ordinateur ? La moitié du département en congé maladie le jour J ? Une intoxication alimentaire à la cafétéria ? Des licenciements ? Un client évanoui à la réception ? Les crises potentielles sont si nombreuses et si variées que nous pourrions même nous étonner qu'elles n'arrivent pas plus souvent. Heureusement pour nous, il n'en est rien.

Vous ne vous y attendiez pas ? Non, bien sûr que non. Ce ne serait pas une crise mais la routine si vous vous y étiez préparé, n'est-ce pas ? Aucun besoin de ce livre. Seulement voilà, la crise est là et vous voulez la régler le plus vite possible pour reprendre sereinement votre travail. Rassurez-vous, vous avez frappé à la bonne porte. Ce livre vous aidera à réagir rapidement et efficacement quelle que soit la crise car une fois les règles de base comprises, il vous suffira de les appliquer à chaque catastrophe.

Vous avez raison de vous y préparer dès maintenant car, en temps de crise, votre premier réflexe ne sera pas de vous précipiter chez votre libraire. Le but de ce livre est donc de vous aider à gérer les crises difficiles telles que :

- **les catastrophes naturelles (incendie, inondations, tempêtes) et leurs répercussions ;**
- **les licenciements économiques ;**
- **les licenciements (leur impact sur le personnel restant) ;**
- **les pannes informatiques ;**
- **les pénuries chroniques de personnel ;**
- **le rappel des produits ;**
- **les grèves et autres manifestations salariales ;**
- **la pollution (imputable à votre entreprise) ;**
- **les crises morales (une équipe ne parvient pas à obtenir un contrat décisif) ;**

… et toutes les autres crises qui ne vous viennent pas immédiatement à l'esprit mais qui ne manqueront pas d'arriver à quelqu'un un jour ou l'autre et ce quelqu'un pourrait bien être vous.

Ce livre vous préparera aux crises exigeant une réponse rapide. En voici quelques-unes :

- **les incendies ;**
- **les blessures graves ;**
- **les malaises ou maladies soudaines ;**
- **les imprévus du jour J (manque de matériel) ;**
- **les alertes à la bombe.**

Ce ne serait pas une crise si vous vous y étiez préparé

Les conseils de ce livre vous aideront à traverser les crises car vous serez mieux préparé. Les deux derniers chapitres sont plus particulièrement consacrés aux situations de crise exigeant une réponse dans l'heure ou dans les dix minutes.

Il est bien évident qu'il ne s'agit pas uniquement de vous tirer d'un mauvais pas. Vous pensiez peut-être que c'était suffisant ? Nous pouvons faire mieux que ça ! Nous pouvons retourner la situation à notre avantage et en sortir plus fort. Vous êtes sceptiques ? Attendez un peu...

Que vous ayez une journée ou quelques minutes seulement, vous devrez réfléchir rapidement mais surtout intelligemment. Vous aurez donc besoin :

- **d'informations pertinentes et percutantes pour donner l'impression que vous en savez plus qu'en réalité**
- **de méthodes pour limiter le temps de préparation**
- **de checklists à parcourir à la dernière minute**

... soigneusement préparées, simples d'utilisation et concises.

En résumé et quelle que soit la crise, ne paniquez pas. Oui, c'est une vérité de la Palisse, c'est plus facile à dire qu'à faire, etc. Et pourtant vous n'avez aucune raison de paniquer puisque toutes les réponses sont dans ce livre. Vous tenez entre vos mains un guide exhaustif capable de vous transformer en spécialiste ès crises.

Travaillez à la vitesse de la vie

Toutes ces étapes clés seront examinées dans le détail :

1 Définir le problème (pas aussi facile qu'on le pense) et établir les priorités en conséquence.

2 Convoquer une réunion d'urgence. Agir en solo est possible mais s'entourer est préférable.

3 Déterminer et appliquer un plan d'action. Une personne seule ne peut pas tout faire, il faut donc déléguer. Il est extrêmement important de savoir bien déléguer et d'assigner à chacun la tâche qui lui correspond.

Si vous utilisez ce livre pour vous préparer, vous constaterez que quand un désastre survient vous êtes bien plus à même d'y faire face

4 Adopter un comportement *ad hoc* vis-à-vis de son entourage. Valorisez vos collaborateurs car vous aurez besoin des aptitudes de chacun pour transformer cette crise en succès. Nous étudierons les différentes façons de préserver la motivation d'une équipe.

5 Certaines crises prennent une dimension médiatique dès que le monde extérieur en a connaissance. La presse souhaitera alors tout savoir sur la quantité de déchets toxiques que votre entreprise aura déversé dans la rivière communale ou sur les licenciements envisagés. En tant que directeur des opérations, votre rôle consiste entre autres à amadouer les médias.

6 Enfin, une fois la crise traversée et la routine de retour, vous devez admettre qu'elle a bien eu lieu et vérifier que tout a bien été pris en compte.

Ce livre vous aiguillera tout au long du chemin

Notre pari

Lorsqu'une crise survient, vous n'avez pas d'autre choix que d'y faire face et de faire de votre mieux. Grâce à ce livre, vous apprendrez à traverser ces épreuves en vous ménageant et en les exploitant à votre avantage. Toutefois, en agissant ainsi, vous ne faites qu'arrêter le ventilateur et racler les murs pour retirer ce qui a été projeté dessus.

Ne serait-il pas mieux de débrancher le ventilateur avant l'impact ? Les décisions prises dans le feu de l'action ne sont jamais aussi efficaces que celles prises à tête reposée. Il serait donc plus sage, si vous en avez la possibilité, de prendre dès maintenant le temps de réfléchir à la façon dont vous pourrez gérer certaines crises potentielles. Élaborez un plan d'action. Ne vous inquiétez pas, nous passerons en revue la méthodologie à suivre et au cas où vous ne seriez pas convaincu, voici quelques exemples à même de vous persuader de ne pas attendre d'être le dos au mur :

- **La plupart des crises sont prévisibles et peuvent être rapidement maîtrisées avec un plan d'action opérationnel.**
- **Un certain nombre d'actions peuvent être entreprises quelle que soit la nature de la crise. Pensez à dresser une liste des priorités applicable en toute occasion.**

Vous pouvez, par exemple, citer les objets ou les documents qu'il faudra évacuer en cas de catastrophe physique (inondation, alerte à la bombe).

- **Même si la catastrophe en cours est tout à fait imprévue, vous pouvez toujours vous inspirer des plans opérationnels. Vous avez certainement déjà pensé à la répartition des différentes tâches entre les membres de votre équipe en fonction de leurs qualités personnelles (Marc a un bon contact avec la presse, Pierre sait analyser froidement la situation, etc.).**
- **Cet effort de planification n'apportera pas une solution à tous vos problèmes potentiels mais elle vous permettra au moins d'identifier des points faibles que vous auriez continué d'ignorer sinon. Prenons un exemple : si vous vous rendez compte que l'essentiel de votre équipement informatique est au sous-sol, vous n'oublierez pas de protéger votre matériel high-tech du risque d'inondation.**

Ce livre vous aidera à sortir de n'importe quelle crise avec panache. Pour maîtriser les événements et ne pas vous laisser emporter par les flots, vous devez planifier vos actions en amont.

Les décisions prises dans le feu de l'action ne sont jamais aussi efficaces que celles prises à tête reposée

111 Définissez votre problème

Vous avez donc un problème. Bel euphémisme ! Le mot « crise » serait plus approprié. La première chose à faire est de prendre le temps de la réflexion.

Si une personne est étendue à terre et qu'elle est incapable de respirer, vous ne perdez pas un instant et agissez au plus vite. Mais, à l'exception des cas de vie ou de mort, vous devez absolument prendre le temps de réfléchir avant d'agir. C'est impératif quelle que soit la gravité de la situation et cela pour deux bonnes raisons :

- **L'action que vous entreprendrez alors aura plus de chance d'être juste parce que vous aurez pris le temps d'examiner la situation.**
- **Ces instants de réflexion vous aideront à conserver votre calme. Au lieu de vous précipiter tête baissée dans la mêlée, prenez le temps de reprendre vos esprits.**

Maintenant, qu'êtes-vous supposé faire de ces précieuses minutes de réflexion ? Fixer le mur et tenter

Pensez malin

Sang froid

Les émotions sont contagieuses. Si vous prencz le temps de réfléchir en cas de coup dur, votre entourage en fera autant et conservera son calme. Votre maîtrise les impressionnera tellement qu'ils s'en remettront totalement à vous et auront pleinement confiance dans votre capacité à gérer la situation.

de cacher le sentiment de panique qui vous envahit ? Certainement pas. Votre pensée doit être constructive. Vous devez définir votre problème. Cela peut vous prendre quelques secondes ou quelques minutes, c'est selon, mais vous ne pouvez pas vous dérober.

Si la tuyauterie explose, si les ordinateurs tombent en panne et si le camion chargé de vous livrer tout le matériel pour le salon est bloqué sur l'autoroute, vous vous imaginez sûrement que le problème est facile à diagnostiquer : l'immeuble se remplit d'eau, le service est paralysé et vous êtes dans l'incapacité de monter votre stand.

En fait, ce sont de faux problèmes. La plupart des gens ont tendance à se focaliser sur la crise elle-même au lieu de se concentrer sur les conséquences qu'elle implique.

Vous aurez plus de chances de réagir correctement si vous réfléchissez avant d'agir

Prenons l'exemple de la panne informatique. Pourquoi est-ce une crise ? Parce que vous êtes dans l'incapacité de :

- **prendre les commandes ;**
- **remplir les bons de commande ;**
- **établir les factures ;**
- **organiser les livraisons.**

… etc. Voilà vos réels problèmes. Si votre ordinateur était doté d'un mécanisme reproduisant toutes les fonctions d'un PC en cas de panne, vous n'auriez aucune raison de vous inquiéter, n'est-ce pas ? Ce ne serait qu'un fâcheux contretemps.

Votre priorité n'est donc pas de réparer votre ordinateur au plus vite mais bien d'envoyer les commandes à temps. Vous obtiendrez le même résultat en le réparant mais ce n'est qu'un moyen parmi d'autres d'arriver à vos fins or ce n'est pas le but ultime que vous poursuivez. Votre priorité numéro un est de trouver un moyen temporaire d'envoyer vos commandes et vous vous préoccuperez ensuite de votre PC.

Si vous ne prenez pas le temps d'identifier la véritable nature des problèmes auxquels vous êtes confronté, il y a de fortes chances pour que vous concentriez toute votre énergie sur la réparation de l'ordinateur et non sur les commandes à envoyer.

C'est pourquoi vous devez impérativement prendre le temps d'analyser la situation afin de canaliser votre énergie dans la bonne direction.

Voici quelques exemples de problèmes correctement identifiés :

- **Lorsqu'un immeuble est inondé, l'eau risque d'endommager l'équipement informatique et les stocks. En outre, le personnel de l'entreprise peut de ce fait se retrouver au chômage technique.**
- **Si l'entreprise n'a pas de stand, son image, ses produits et ses services ne sont pas mis en valeur auprès des visiteurs, futurs clients potentiels.**
- **Lorsqu'une société travaille régulièrement en sous-effectif, le personnel éprouvera quelques difficultés à accomplir certaines tâches ou ne les réalisera pas aussi efficacement qu'à l'accoutumée.**

Fixez vos priorités

La première étape consiste donc à définir la véritable nature de votre problème afin de focaliser tous vos efforts sur sa résolution. La prochaine étape est assez logique, il s'agit de fixer vos priorités. Comme vous avez pu le constater avec nos exemples précédents, une seule crise peut être à l'origine d'une multitude de désagréments. Une fuite dans un réservoir d'eau situé sous les toits peut occasionner les problèmes suivants :

- **Des équipements de valeur sont endommagés.**
- **La marchandise en stock est perdue.**
- **Le travail du personnel est perturbé.**

Identifiez dans un premier temps votre problème

Une crise se définit en partie par le manque de ressources disponibles pour y faire face, d'où la nécessité de concentrer ses efforts. Qu'allez-vous faire ? Sauver votre matériel ? Déplacer les stocks ? Essayer tant bien que mal de poursuivre votre travail en parant au plus pressé ? Vous devez impérativement effectuer un tri parmi les différentes urgences qui réclament votre attention afin d'orienter et d'utiliser au mieux vos ressources.

Pensez malin

L'urgence avant l'importance

Gardez présent à l'esprit qu'en cas de crise les tâches les plus pressantes ne sont pas toujours les plus importantes, elles sont tout simplement plus urgentes. Si par exemple, vous ne pouvez pas récupérer votre ordinateur avant un ou deux jours, la saisie des bons de commandes peut attendre (à condition de pouvoir les traiter manuellement durant ce laps de temps). En revanche, une incapacité temporaire à payer les salaires peut avoir des répercussions plus sérieuses.

Voilà tout l'intérêt de définir et d'évaluer l'importance de vos problèmes. Au lieu de perdre une demi-journée à réparer votre ordinateur et donc une demi-journée de travail, ne serait-il pas préférable de le récupérer le lendemain en ayant réussi à abattre tout votre travail de la journée ?

Pensez malin

Sur le long terme

Le plan d'urgence que vous planifierez devrait comporter une position de repli. Vous pouvez instituer une sauvegarde automatique de vos données sur un ordinateur indépendant. Vous pouvez dresser une liste de professionnels à appeler en cas de pénurie de personnel. Enfin, vous pouvez envisager d'acheter un stand de rechange afin d'en avoir toujours un à disposition.

La prochaine fois

À l'avenir

Une crise ne vous laissera jamais beaucoup de temps pour vous retourner. C'est donc maintenant, avant la crise, que vous devez prendre du temps pour réfléchir. Cette logique est plus sensée qu'il n'y paraît et cela pour une bonne raison : les crises sont ne sont pas aussi imprévisibles qu'on veut bien le croire.

Toutes les crises ne sont pas prévisibles, bien entendu. J'ai eu vent d'histoires assez particulières. Une personne s'est retrouvée coincée dans un ascenseur pendant deux heures en compagnie d'une douzaine de personnes. Parmi elles se trouvait un petit enfant qui a vomi au bout de quelques minutes or l'une des femmes présentes nourrissait une véritable phobie pour le vomi. Un cheval a été retrouvé errant inexplicablement dans le couloir du troisième étage d'une société. Un client en colère n'a pas trouvé mieux pour embarrasser le personnel que d'improviser un strip tease intégral au beau milieu d'un magasin bondé. Vous ne pouvez absolument pas prévoir ce genre d'incidents.

Vous devez impérativement parer au plus pressé

Vous pouvez cependant prévoir un grand nombre de situations délicates. Réunissez une cellule de crise et dressez une liste des différentes crises auxquelles vous pourriez être confronté. Pour chacune d'entre elles, définissez le problème rencontré et fixez vos priorités. Vous aurez ainsi toutes les réponses à portée de main lorsque les situations prévues se présenteront. Elles n'arriveront pas toutes, c'est à souhaiter en tout cas, mais vous en rencontrerez au moins une sur toutes celles que vous aurez envisagées – et vous saurez comment réagir. Nous sommes déjà préparés à l'éventualité d'un feu, voici quelques idées sur d'autres crises potentielles :

- Panne informatique : si votre commerce dépend des ordinateurs, vous aurez forcément un problème un jour ou l'autre et vous le savez.
- Immeuble endommagé : là encore c'est assez fréquent. Les possibilités sont multiples : orage violent, fuite d'eau, incendie d'un bâtiment voisin qui menace votre immeuble, etc.
- Alerte à la bombe : certaines sociétés – comme les compagnies de transport public, les théâtres, les galeries, les salons et les cinémas entre autres – sont particulièrement visées. Si vous faites partie de ces cibles privilégiées, vous devriez vous y préparer.
- Produits chimiques dangereux : si vous en utilisez, vous devez prévoir ce qui pourrait arriver en cas de fuite, d'incendie ou de pollution.
- Si vous entreposez ou détenez du matériel de valeur dans un endroit vulnérable, un sous-sol inondable par exemple ou un immeuble exposé à des conditions climatiques extrêmes, fixez votre attention sur les décisions à prendre dans ces cas-là.
- Si les équipements que vous utilisez peuvent causer des blessures graves, soyez prêt à réagir rapidement.
- Si vous fabriquez des instruments ou des machines potentiellement dangereuses, vous aurez peut-être à rappeler vos produits en cas de défaut de fabrication.

- Si vous prévoyez de participer à un salon et d'y monter un stand, envisagez la possibilité d'une défaillance de dernière minute de la part de votre fournisseur ou une panne de camion.
- Si vous pensez que votre personnel devra accepter un surcroît de travail pendant quelque temps, à l'occasion d'un événement particulier ou d'une brusque augmentation de l'activité, prévoyez un plan d'action au cas où une épidémie de grippe clouerait la moitié de vos effectifs au lit.
- Si vous avez un site web, ne vous laissez pas surprendre en cas de problème ou si votre serveur a des faiblesses.

Toutes les sociétés encourent des risques qui leur sont propres et qu'il leur faut identifier. Pensez à définir votre problème et à fixer vos priorités à l'avance, à un moment où vous avez les idées claires et le jugement sûr. Vous gagnerez du temps et de l'efficacité lorsque la crise se présentera.
En réfléchissant aux différentes urgences susceptibles de se présenter, vous vous apercevrez peut-être de certaines faiblesses et des actions à entreprendre pour minimiser les dégâts en cas de catastrophe.

Réunissez une cellule de crise et dressez une liste des différentes crises auxquelles vous pourriez être confrontés

2 Planification d'urgence

À présent que la nature de votre problème est connue avec précision et que vos priorités ont été fixées, vous devez élaborer une stratégie pour y répondre. Si des vies humaines sont en jeu, appelez une ambulance sans tarder. Sinon convoquez toute votre équipe en réunion quel que soit le degré d'urgence de la crise. La réunion de cette cellule de crise s'imposera également en cas d'accident, surtout s'il se prolonge dans le temps (si les personnes sont toujours bloquées dans l'ascenseur par exemple). Nous n'insisterons jamais assez sur l'absolue nécessité de ne convoquer cette réunion qu'après avoir appelé les services d'urgences concernés.

J'imagine sans peine la réaction de certains d'entre vous : « Une réunion ? Dans un moment pareil ? C'est une plaisanterie ! Les responsables perdent un temps considérable dans ces réunions où l'on délibère pendant des heures sans arriver à rien. Les réunions sont vraiment une perte de temps même lorsque vous avez du temps à perdre. N'est-ce pas la dernière chose à faire en temps de crise ? »

Oui, une réunion peut être une perte de temps mais ce ne sera pas le cas de celle que vous allez organiser. La vôtre sera courte, très courte, et son unique objectif sera de prendre de bonnes décisions rapidement. Non, je ne plaisante pas, ces réunions sont tout à fait possibles.

Rassemblez votre équipe

Confronté à une situation de crise, vous devez rassembler toutes les personnes disponibles jusqu'à la fin de l'alerte. Même si l'ensemble du personnel peut être impliqué de près ou de loin, tous ne peuvent pas appartenir à la cellule de crise. Il est tout simplement impossible de gérer efficacement une équipe de cinq cents personnes lorsque le temps vous est compté. Vous n'avez donc pas d'autres choix que d'opérer un tri parmi votre personnel. Il ne faut surtout pas hésiter, en cas de besoin, à faire appel à des compétences extérieures.

Une cellule de crise est généralement composée de proches collaborateurs habitués à travailler ensemble. Si vous collaborez avec plusieurs équipes, vous sélectionnerez celle qui est plus concernée par le problème en cours. Quelle que soit l'équipe choisie, vous aurez besoin d'une demi-douzaine de personnes pour prendre en main cette opération de sauvetage. Une fois les membres sélectionnés, convoquez-les d'urgence en réunion.

Convoquez toute votre équipe en réunion quel que soit le degré d'urgence de la crise

Pensez malin

Valorisez votre personnel

L'idéal serait d'être entouré de quatre ou cinq personnes. Si votre équipe est constituée de sept ou huit personnes, vous n'aurez probablement pas d'autres choix que les impliquer tous. Si un ou plusieurs membres sont écartés, ils se sentiront exclus or il est préférable de conserver intacte leur motivation. Le personnel a besoin de se sentir important pour bien travailler.

Faites un état des lieux

Il peut paraître superflu de faire un résumé de la situation et pourtant c'est nécessaire car certains ne se seront peut-être pas rendu compte de l'étendue de la crise. Même s'ils se sont aperçus que les ordinateurs étaient en panne ou que la moitié de leurs collègues ne s'était pas présentée au bureau ce matin, ils ont quand même besoin de l'entendre de votre bouche. Attirez leur attention sur les conséquences. Certains auront peut-être oublié, par exemple, que les fiches de paye devaient être préparées aujourd'hui.

La seule manière d'être sûr que tout le monde a bien compris la situation est d'énoncer clairement le problème et ses implications. Lorsque vous supervisez une opération d'urgence, il est extrêmement important de respecter certains principes. Toutes les personnes impliquées doivent obéir aux mêmes règles, disposer des mêmes informations et respecter les mêmes priorités.

Un seul faux pas et votre crise peut se transformer en un véritable désastre.

La prudence est encore plus de rigueur lorsque le moral de votre personnel est menacé. Si vous ou vos supérieurs prévoyez plusieurs licenciements, vous aurez besoin de réunir la cellule de crise. L'urgence est bien évidemment moindre que si l'immeuble était en feu mais son importance ne doit pas être sous-estimée. Si votre version des faits diverge selon votre interlocuteur, les rumeurs circuleront vite. Vous vous retrouverez alors avec une situation extrêmement pénible à gérer. Récapituler les événements n'est jamais une perte de temps.

Cette mise au point peut ne prendre que quelques secondes : « Mesdames et messieurs, voici la situation. L'ordinateur central est en panne et nous ignorons encore combien de temps cela prendra pour le réparer et quelle quantité de données nous avons perdue. Nous sommes donc dans l'incapacité de traiter les commandes ou d'établir des factures et nous n'avons aucune idée des livraisons que nous sommes supposés effectuer aujourd'hui. »

Définissez le problème et fixez les priorités

Vous vous êtes probablement déjà penché sur cette question puisque nous l'avons abordée au chapitre précédent. Si c'est le cas, partagez vos conclusions

Ne partez pas du principe que tout le monde a compris la situation

avec votre équipe et demandez-leur s'ils ont identifié d'autres problèmes ou entrevu d'autres priorités auxquels vous n'aviez pas pensé.

Il se peut que vous ayez eu à vous occuper d'affaires litigieuses dans la matinée et qu'il soit à présent impossible d'accéder aux dossiers correspondants. Ce pourrait être une priorité qui vous aurait échappé.

Soupesez vos options

Demandez à tous les participants de réfléchir aux différentes manières de résoudre le problème que vous avez identifié. S'il y en a plusieurs, employez bien tout le temps dont vous disposez – même si ce ne sont que quelques minutes – pour étudier de près chacune des priorités fixées (en respectant l'ordre établi, cela va de soi).

Plusieurs options s'offrent à vous. Vous pouvez distribuer des blocs de commandes ou expliquer la situation à vos clients. Vous conviendrez alors de les rappeler dès que l'ordinateur sera réparé. Les commandes urgentes peuvent toujours être faxées.

Pensez malin

Un air d'autorité

Il vous faudra adopter un ton déterminé et assuré en veillant bien à ne pas paraître trop dominateur. C'est à vous de trouver un juste équilibre. Votre équipe doit, d'une part, prendre conscience de l'urgence de la situation pour ne pas débattre pendant des heures sur des points de détails et, d'autre part, ne pas se laisser intimider par votre intervention. Elle pourrait ainsi passer sous silence des informations importantes sous prétexte que votre attitude leur aura donné l'impression que vous étiez le seul maître à bord.

Pour les livraisons du jour même, référez-vous aux doubles des factures envoyées aux clients quand ils ont passé leur commande. N'hésitez pas à appeler vos clients réguliers pour leur expliquer la situation et leur demander s'ils s'attendent à recevoir une livraison dans les prochains jours. La meilleure solution serait peut-être de mettre ce problème en veilleuse et d'attendre que les clients appellent. Il vous suffira ensuite d'envoyer leur commande au plus vite.

La durée de la réunion n'est en aucun cas significative. De cette stimulation collective jaillira peut-être une multitude d'idées ingénieuses à même de contourner tout ou partie du problème.

Évitez les décisions inutiles

Vous n'avez pas de temps à perdre, aussi n'encombrez pas inutilement votre emploi du temps. Vos décisions ne doivent concerner que le problème qui vous occupe. Ne dites pas : « Nous allons commencer par prendre les numéros de téléphone des clients qui nous appellent et voir si nous ne parvenons à réparer l'ordinateur d'ici midi. Si ce n'est pas le cas, nous prendrons les commandes manuellement. »

Demandez à tous les participants de réfléchir aux différentes manières de résoudre le problème que vous avez identifié

Pourquoi décider maintenant ce que vous allez faire cette après-midi ? Vous vous rendrez peut-être compte, à l'heure du déjeuner, que l'ordinateur ne sera réparé qu'à quatorze heures. Vous aurez alors peut-être deux cents clients à rappeler ou seulement quatre. Vous ne saurez pas avant midi ce que vous ferez si l'ordinateur n'est finalement pas réparé, aussi ne vous en préoccupez pas pour l'instant. Contentez-vous de décider de prendre les numéros de téléphone des clients souhaitant passer une commande et faites le point à l'heure du déjeuner.

Répartissez les tâches

Votre réunion ne devrait pas avoir débuté depuis plus de dix minutes quand vous arriverez à cette étape. Les plus rapides auront probablement expédié tout cela en deux minutes. Quoi qu'il en soit, il est temps à présent de passer aux choses concrètes et d'attribuer à chacun des membres de votre équipe les tâches que vous aurez définies ensemble.

Pensez malin

Et si

Fixez-vous pour règle de ne jamais prendre de décisions s'il vous manque des informations. Ne prenez pas non plus de décisions fondées sur des hypothèses. Vous risqueriez de vous retrouver dans une impasse si les choses ne se déroulaient pas comme prévu. Ne promettez pas à vos clients de les rappeler le lendemain car vous en serez peut-être toujours au même point.

Vous avez le choix entre répartir les tâches directement, en confier la responsabilité aux membres présents qui pourront ensuite les déléguer ou les deux. Le chapitre suivant étant exclusivement consacré à la répartition des tâches, nous ne nous attarderons pas sur ce sujet.

Assurez-vous que tout le monde a compris

Avant d'envoyer tout le monde au travail, il vous reste une dernière chose à faire. Vérifier que tout le monde a compris le problème, les décisions prises et la répartition des tâches. Si vous ne le faites pas, vous vous exposez à d'éventuelles catastrophes car les membres de votre équipe peuvent perdre un temps à précieux en se trompant d'activités, de méthodologie ou en effectuant une tâche dévolue à un autre. Ils peuvent même aggraver la situation.

Prenons un exemple. Vous avez reçu un coup de fil anonyme vous avertissant de la présence d'une bombe à la cafétéria. Vous demandez donc à votre équipe d'évacuer tous les occupants de l'immeuble et de les rassembler dans le parking. Dans la précipitation, un membre de votre équipe n'a pas conduit vos clients dans le parking public comme vous l'aviez demandé mais dans le parking des employés or ce dernier jouxte la cafétéria. Il a entendu le mot « cafétéria » et le mot « parking » et, la panique aidant, les a amalgamés.

Ne prenez pas de décisions inutiles

Pour limiter au maximum les malentendus, il est impératif de prendre le temps de récapituler et de vérifier que toutes les personnes présentes ont compris, surtout si certaines d'entre elles paniquent et ont du mal à réfléchir aussi rationnellement et clairement que d'habitude. Montrez-leur que vous avez du temps à leur consacrer. Cela les calmera, les rassurera et ils n'hésiteront plus à poser des questions s'ils ont des doutes.

La prochaine fois

Pensez à préparer un petit aide-mémoire et gardez-le précieusement dans un coin. Vous le consulterez la prochaine fois que vous aurez besoin de réunir la cellule de crise. Voici ce qui doit y être écrit :

- Résumer la situation et ses conséquences.
- Définir le problème.
- Établir les priorités.
- Soupeser les différentes options.
- Ne prendre que les décisions nécessaires.
- Répartir les tâches.
- Vérifier que tous ont compris.

Réunissez la cellule de crise une fois par an pour parler de ce que vous feriez si les crises que vous avez répertoriées se présentaient. N'hésitez pas à consacrer une réunion à chaque crise identifiée. Non seulement vous gagnerez du temps le moment venu, mais cela vous permettra de repérer les faiblesses de votre organisation. Exemple : « Êtes-vous en train de me dire que nous n'avons aucun moyen de savoir où effectuer les livraisons si l'ordinateur tombe en panne ? Nous devons impérativement résoudre ce problème avant qu'il ne se présente pour de bon. »

Renouvelez cet exercice tous les ans ou tout le monde oubliera jusqu'à l'existence d'un plan d'urgence en cas de crise. Et même s'ils s'en souviennent, ils s'apercevront que la personne responsable a quitté la société depuis longtemps ou que le plan d'évacuation prévoyait le rassemblement des personnes dans le parking qui a été rasé l'an dernier pour laisser place au nouvel atelier (qui ne figure pas non plus sur le plan d'évacuation). Il serait donc préférable de penser à le mettre à jour chaque année.

Vérifiez bien que tout le monde a compris le problème, les décisions prises et la répartition des tâches

3 Répartissez les tâches

Toute crise appelle une réaction mais n'oubliez pas ce que nous avons vu précédemment : plus vous bénéficierez de temps pour réfléchir, plus votre action sera rationnelle et efficace. Une fois ce délai de réflexion passé, l'action prendra le pas sur la parole. Les crises morales nécessitent elles aussi un plan d'action : briefer les employés, appliquer de nouvelles méthodes de travail, etc. Les crises à court terme vous amèneront peut-être à effectuer toutes sortes de tâches allant du balayage du sous-sol au bricolage improvisé d'un stand avec quelques bouts de ficelle et des boîtes de céréales vides.

Assurez-vous dès à présent de l'efficacité de votre stratégie et de la fiabilité de votre équipe. La réunion avec la cellule de crise vous aura certainement permis d'identifier le problème, de fixer les priorités et de mettre au point un plan d'action. Vous savez que vous devez : évacuer l'étage supérieur, persuader les directeurs de seconder les équipes sur les points de vente car vous manquez de vendeurs, retirer tout votre équipement de la zone dangereuse ou encore faire venir un autre modèle d'exposition.

Si vous devez faire vite, vous n'aurez certainement pas le temps de détailler les tâches que vous confierez aux membres de votre équipe. C'est à vous de les attribuer à des personnes responsables et capables de les assumer. Vous pouvez par exemple confier à une ou deux personnes le soin de vider le sous-sol ou d'établir les fiches de paye à la main. Ces tâches nécessitent un certain nombre de travaux sous-jacents que vous n'avez pas le temps d'identifier ou de répartir. C'est pourquoi vous devez vous adresser à des personnes compétentes capables d'envisager tous les aspects de leur mission afin de la mener à bien.

Pensez malin

Déléguez

Il est possible que vous ne soyez pas la personne la plus qualifiée à appliquer le plan d'urgence. Vous avez beau être le patron, le directeur des ressources humaines est probablement plus compétent. À moins que ce ne soit le directeur des ventes ou le comptable. N'hésitez pas à déléguer, le plus important est de choisir la bonne personne puis de la laisser travailler en paix. Ne fuyez pas vos responsabilités, restez présent en cas de besoin mais laissez le responsable prendre les décisions.

Toute crise appelle une réaction

Ne vous laissez pas submerger

Quelqu'un doit superviser la situation dans son ensemble et coordonner toutes les opérations. Ce quelqu'un c'est vous et vous devez donc être disponible pour :

- **Savoir ce qui se passe.**
- **Écouter les problèmes et les idées de votre équipe.**
- **Garder la tête froide et surveiller toutes les opérations, en contrôler la pertinence et ordonner une autre réunion si nécessaire.**

Contentez-vous de superviser les opérations et de déléguer au maximum. Si réparer le camion est la seule chose à faire pour sauver l'entreprise et que vous êtes le seul à pouvoir le faire, je suppose que vous n'aurez pas d'autre choix que de le réparer. Hormis ces situations extrêmes essayez d'éviter toutes les tâches qui demandent de la concentration.

Ne vous tournez pas les pouces pour autant. Vous pouvez vous proposer comme petite main et accepter tout ce qui ne vous empêche pas de réfléchir et que vous pourrez arrêter sur-le-champ si des affaires urgentes vous appellent ailleurs. Vous pouvez donc balayer le sous-sol, déménager des affaires, rechercher des dossiers, tout ce qui est manuel. Autre avantage : votre personnel appréciera ce coup de main, soyez en sûr.

Pensez malin

Ne marchez pas sur les plates-bandes de votre équipe

Si vous cherchez une occupation manuelle facile à abandonner, vous choisirez peut-être de prêter main forte à Claire à qui vous aviez confié la responsabilité de déménager tout le matériel entreposé au sous-sol. N'oubliez pas que vous n'en êtes pas responsable ; c'est Claire. Laissez-la faire car si vous vous absentez, elle se retrouvera dans une position délicate ; d'autre part elle vous en voudra sûrement de ne pas l'avoir soutenue et de l'avoir évincée. Tant que vous êtes au sous-sol, votre rôle est de l'assister. Seules les décisions extérieures au déménagement du matériel et, d'une manière générale, aux tâches confiées aux membres de votre équipe, vous concernent.

Qui fait quoi ?

À qui allez-vous confier chaque tâche ou groupe de tâches ? Je ne peux absolument pas vous aider sur ce point car j'ignore tout de votre situation et des gens qui vous entourent. Vous pouvez cependant inventorier les tâches et les personnes en fonction de leurs caractéristiques propres. À vous d'attribuer ensuite chaque tâche à la personne la plus qualifiée.

Nous allons à présent étudier huit personnalités distinctes et le type de tâche que vous pourrez confier à chacune d'elles. Essayez de repérer à

Évitez toutes les tâches qui demandent de la concentration

quelle catégorie appartiennent les membres de votre équipe.

1 **Les personnes qui disent « oui ».** Il est toujours précieux d'avoir une personne prête à vous seconder en cas d'urgence. Si vous dites : « Appelez une ambulance » ou « Déplacez ces affaires sur l'étagère du haut en premier », elle le fera sans discuter. Certains vous répondront : « Ne pensez-vous pas qu'un docteur serait mieux ? » ou « Pourquoi ne pas déplacer celles-ci au lieu de celles-là ? »

   Même si ces idées sont parfois meilleures que les vôtres et qu'elles vous ont souvent été utiles, l'urgence de la situation impose une prise de décision qui doit avant tout être rapide. Si vous pensez que votre décision est bonne, ne perdez pas votre temps en débats inutiles et agissez. Si vous avez à vos côtés une personne de confiance qui dit « oui », elle exécutera vos ordres sans délai et sera un exemple à suivre pour les autres membres de l'équipe.

2 **Les personnes au sang froid.** C'est exactement le type de personnes sur lesquelles vous pouvez compter au plus fort de la crise. Que ces individus soient capables ou non d'agir sur le moment n'a aucune importance. S'ils ne savent pas prendre de décisions, vous pourrez toujours leur dire quoi faire. Vous avez seulement besoin qu'ils s'occupent des travaux éprouvants. Grâce à leur maîtrise d'eux-mêmes, ils sont tout indiqués pour diriger les opérations de secourisme. Avec un peu de chance, plu-

sieurs membres correspondront à ce profil et vous pourrez leur demander d'assister le responsable. Ils pourront par exemple se charger de vérifier qu'il n'y a plus personne dans l'immeuble une fois l'ordre d'évacuation donné.

3 **Les décideurs.** Le don d'ubiquité serait un merveilleux atout en cas de crise. Votre présence en effet est très souvent sollicitée en deux endroits à la fois : le feu se propage au premier étage alors que les personnes évacuées sont rassemblées au parking pour y être comptées. Ou encore, il faut couper l'eau et en même temps tenter de limiter les dégâts sur le terrain. Comme vous ne pouvez pas être à deux endroits à la fois, vous aurez besoin d'une personne de confiance pour prendre les décisions à votre place.

4 **Les terrifiés.** Ils doivent impérativement être écartés du chemin le plus vite possible. Vous ne pouvez bien évidemment pas le leur dire aussi faut-il leur trouver une occupation urgente et plausible : « Pierre, Marc aura besoin d'outils pour réparer la tuyauterie et arrêter la fuite, pourrais-tu essayer d'en trouver ? »

L'urgence de la situation impose une prise de décision qui doit avant tout être rapide

Pensez malin

Bien choisir son double

Cette personne clé doit non seulement être capable de réagir sur le vif mais elle doit aussi jouir d'une certaine autorité sur le reste de l'équipe. L'âge et la position hiérarchique ne sont en aucun cas des critères déterminants. Il peut tout simplement s'agir d'un membre de l'équipe qui inspire le respect. Il n'y aura ainsi aucun problème si vous demandez à deux de vos collaborateurs d'aller l'aider à évacuer le deuxième étage.

5 **Les personnes affables.** Certaines crises ne se résolvent qu'en faisant appel à une aide extérieure. Solliciter une faveur n'est pas toujours chose facile or vous avez besoin d'obtenir du personnel supplémentaire pour déplacer les meubles inondables, de supplier le plombier d'accourir ou, s'il n'est pas libre, de trouver un employé bricoleur capable d'effectuer une réparation temporaire. Certaines personnes sont particulièrement douées pour cela, elles savent qui appeler et demander de l'aide ne les dérange pas.

6 **Les perfectionnistes.** Une personne chargée expressément de se tenir à vos côtés pour veiller à ce que vous n'oubliez rien pensera à tout ce qui pourrait vous échapper. Prenez bien soin de choisir quelqu'un qui ne vous rappellera que les choses importantes. Il peut toutefois être utile qu'un membre de l'équipe pense à vous rappeler qu'en cas de coupure de courant le portail électrique ne pourra pas s'ouvrir pour laisser

passer le camion des pompiers ou encore qu'il serait préférable d'annuler votre rendez-vous avec ce client très important avant qu'il ne quitte son bureau pour venir vous voir.

7 **Les inventeurs de solutions.** Comment allez-vous faire pour évacuer cette machine qui prend l'eau alors qu'elle est trop imposante pour passer la porte et l'escalier ? Laissez l'« inventeur » – et son assistant s'il en a un – régler cette question et occupez-vous d'autre chose. Ne laissez pas ce genre de problème vous accaparer, votre temps et votre énergie sont trop précieux surtout en temps de crise.

8 **Les pacificateurs.** Très souvent, ces personnes sont indispensables dans les moments difficiles. Ils rassurent les clients évacués d'un immeuble en feu, ils tiennent la main d'une personne anxieuse attendant l'arrivée de l'ambulance, etc. Ce rôle ne doit pas être confié à un désœuvré. Cette mission exige des qualités spécifiques et certains sont plus aptes à le faire que d'autres. Il se pourrait même que les personnes qui cèdent facilement à la panique – les terrifiés de tout à l'heure – soient les plus indiquées pour le faire, une fois leur calme retrouvé cela va sans dire.

Ne vous laissez pas accaparer par des problèmes trop complexes, votre temps et votre énergie sont précieux

Constituez une équipe forte

Il n'existe pas de mode d'emploi universel sur la gestion des crises. Votre travail sera cependant facilité si vous suivez ces conseils et répartissez correctement les tâches en fonction des aptitudes personnelles des membres de votre équipe. D'une manière générale, une équipe soudée et habituée à travailler ensemble aura plus de facilités à gérer une crise – même totalement imprévue – qu'une équipe désunie et fragile.

Les rôles et fonctions de chaque membre de l'équipe doivent être clairement établis. Comme ils se connaissent entre eux, ils surmonteront les pro-

Pensez malin

Que tous participent

Certaines crises trouvent une solution dans l'instant et une ou deux personnes lucides suffisent pour les traiter. D'autres en revanche demandent plus de temps et vous aurez peut-être besoin de demander à quelques volontaires de rester plus tard ou de venir durant le week-end pour aider à nettoyer le sous-sol inondé et à récupérer le matériel électronique ayant pris l'eau. Il est impératif d'impliquer toute l'équipe car ceux que vous n'aurez pas sollicités auront l'impression d'être exclus délibérément. Arrangez-vous pour leur donner l'impression qu'ils ont tous contribué à sauver une situation désespérée.

blèmes de communication qui ralentissent ou entravent la progression d'autres groupes. Une bonne équipe saura instinctivement se tourner vers la personne la plus qualifiée pour diriger les opérations, quel que soit son niveau hiérarchique, alors qu'un groupe disparate aura plus de mal à « choisir » son leader.

Pensez malin

N'allez pas trop loin

Vous ne pouvez pas obliger un de vos équipiers à être secouriste. Son enthousiasme doit être réel. S'il ne désire pas assumer ce rôle, adressez-vous à la deuxième personne inscrite sur votre liste.

Une équipe soudée aura plus de facilités à gérer une crise – même totalement imprévue – qu'une équipe désunie et fragile

La prochaine fois

Prévoyez la répartition des rôles à l'avance en fonction de la personnalité et des aptitudes des membres de votre équipe. Lors de la réunion annuelle de la cellule de crise, vous pouvez de nouveau passer en revue la distribution des rôles. Ce sera un très bon exercice. Si tous les membres de l'équipe acceptent Pierre comme décideur, ils s'impliqueront et respecteront ses décisions quand il prendra les rênes.

Certains rôles ne peuvent évidemment pas être discutés ouvertement au sein de l'équipe. C'est notamment le cas des terrifiés. Identifiez-les à l'avance mais n'en dites rien. Les rôles clés à aborder avec votre équipe sont les suivants :

- les personnes au sang-froid ;
- les décideurs ;
- les affables ;
- les inventeurs de solutions ;
- les pacificateurs.

Si chaque membre a bien conscience de son rôle principal (son rôle secondaire étant d'accepter les tâches supplémentaires qui lui seront confiées dans le feu de l'action), il travaillera mieux avec les autres, se sentira plus important et résoudra le problème plus efficacement.

Il vous reste encore une chose importante à faire : vous assurer que votre équipe pourra compter sur un secouriste qualifié. Ne vous bornez pas à demander qui est volontaire. Dressez une liste des employés toujours sur place et barrez le nom des personnes susceptibles de paniquer. Les noms restants sont des secouristes potentiels. Adressez-vous maintenant à ceux qui vous paraîtront les plus aptes à diriger les secours en temps de crise et demandez-leur s'ils aimeraient suivre la formation correspondante.

Si, au sein de l'équipe, des petits groupes se déplacent fréquemment – pour assister à des salons et tenir un stand par exemple – il pourrait être utile de demander à l'un d'entre eux de devenir secou-

riste. Pensez à lui demander d'en parler aux membres de son groupe afin que tous connaissent les gestes de base.
Ne prenez pas cette formation à la légère. Je peux vous dire par expérience que si votre société vous envoie en formation de secouriste et ne vous en reparle plus ensuite, vous vous retrouverez totalement désemparé cinq ans plus tard lorsque vous serez confronté à une personne blessée ou en train de suffoquer. Vous ne saurez absolument pas quoi faire. Ces formations doivent être suivies régulièrement pour être efficaces.

Prévoyez la répartition des rôles à l'avance en fonction de la personnalité et des aptitudes des membres de votre équipe

4 Trouvez le bon ton

Vous vous étiez probablement imaginé qu'il vous suffirait de gérer la crise et ses conséquences pour être tranquille. Malheureusement, vous ne vous en tirerez pas à si bon compte. Les crises appartiennent à cette catégorie d'événements qui vous amène à douter de l'existence de Dieu car, s'il existe, son sens de l'humour est plutôt singulier.

Non seulement la façon dont vous allez gérer cette crise aura un impact sur l'issue de la crise elle-même mais elle aura aussi une grande influence sur le moral de votre équipe et sur votre position en son sein. Que vous soyez à la tête d'un groupe de cinq personnes ou de cinq cents, ces quelques heures marqueront les esprits et il sera difficile de revenir en arrière. En cas d'échec vous perdrez le respect et la loyauté de votre équipe et vous porterez atteinte à son moral. En revanche, le succès la dynamisera et augmentera son enthousiasme. Il renforcera leur esprit d'équipe et leur identité et confortera du même coup votre position de leader.

Ce chapitre traitera essentiellement des aspects psychologiques à prendre en compte dans les moments difficiles. Nous verrons ainsi comment vous assurer le soutien de votre équipe tout le temps que durera cette épreuve. Cette dimension psychologique sera particulièrement importante si les crises traversées ont un retentissement sur le moral des employés : licenciements, deuils, échecs collectifs, etc. La deuxième partie de ce chapitre se concentrera donc sur ces événements en particulier.

L'esprit de corps

Une crise engendre toutes sortes d'émotions fortes allant de l'excitation à la peur. Vous vous êtes certainement déjà aperçu que vous étiez beaucoup plus sensible lorsque vous étiez en proie à une forte émotion. Votre comportement aura une très grande influence sur votre entourage. Une réaction appropriée renforcera l'équipe en la rendant plus solidaire, prête à affronter les épreuves actuelles et futures.

L'esprit de corps se développe lorsque le groupe est confronté à une situation qui ne lui laisse pas d'autres choix que de s'unir. L'identité du groupe se retrouve alors consolidée ainsi que la position au sein de l'équipe de chacun de ses membres. En effet, c'est à ce moment-là que se découvrent des talents cachés. L'admiration que vous portent les autres est soudain palpable lorsqu'ils découvrent que vous parlez polonais couramment, que vous pouvez mémoriser six numéros de téléphone en un clin d'œil ou encore que vous savez faire

Ces quelques heures marqueront les esprits et il sera difficile de revenir en arrière

Pensez malin

Peu de personnes savent le faire

Les périodes de crise favorisent la découverte de talents cachés. L'attribution conventionnelle des rôles est souvent bousculée sous la pression de l'événement. Elle peut devenir beaucoup plus souple et se libérer des entraves hiérarchiques. Ainsi, donnez sa chance à toute personne se portant volontaire, même si vous n'auriez pas songé à elle en premier lieu. Vous pourriez être surpris et du résultat et de ses effets bénéfiques sur le moral de vos collaborateurs.

démarrer la voiture de la compagnie lorsque les clés sont introuvables.

Une attitude déplacée ou mauvaise peut diviser une équipe, porter atteinte à son moral et provoquer des rancœurs. La solution ne réside absolument pas dans l'action que vous allez entreprendre mais dans la manière dont vous allez communiquer. Vous devez donc respecter les sept règles régissant la communication au sein d'une équipe en temps de crise si vous voulez être sûr de rassembler toute votre équipe autour de vous.

Sept règles pour bien communiquer avec son équipe en temps de crise

Nous allons à présent détailler les sept règles d'or à respecter scrupuleusement si vous désirez que cette crise fortifie votre équipe.

1 **Informez tout le monde**. N'oubliez pas de transmettre à votre équipe l'intégralité des informations qui vous parviennent. N'attendez pas la réunion du lendemain pour leur faire part d'une information dont ils ont besoin maintenant. L'ignorance et le manque d'infor-

mation sont très souvent sources d'erreurs en période de crise.
Prenons un exemple. Vous savez que le toit de l'atelier est instable et vous en avez juste interdit l'accès aux employés. Ne pariez pas sur le fait que personne n'ira. Ne leur cachez pas une information aussi cruciale : le toit est instable et il est donc dangereux d'y aller. En effet, quelqu'un pourrait avoir l'idée de vérifier que les machines sont débranchées, sauver du matériel de valeur ou encore de récupérer des disquettes de données oubliées la veille.

2 **Réunissez toute votre équipe si vous avez des données importantes à communiquer.** Nous connaissons tous le principe du téléphone arabe. La phrase murmurée au départ n'est que très rarement reconstituée correctement à l'arrivée. La seule façon d'être sûr que tous vos collaborateurs reçoivent la même information et obéissent aux mêmes instructions est de les réunir tous en un même lieu pour leur parler. N'hésitez pas à le faire même si le standard n'est pas opérationnel et même si la seule ligne que vous avez réussi à installer avec les moyens du bord sonne pendant ce temps-là. Vous gagnerez du temps et vous vous épargnerez bien des soucis par la suite.

N'oubliez pas de transmettre à votre équipe l'intégralité des informations qui vous parviennent

Pensez malin

Briefing pendant le travail

Si vous ne pouvez vraiment pas vous permettre d'arrêter le travail pendant quelques minutes, vous pouvez vous adresser à vos collaborateurs pendant qu'ils travaillent. Leur activité ne doit pas leur demander une trop grande concentration sinon ils ne prêteront aucune attention à vos paroles. Demandez-leur d'empiler des livres ou d'écoper avec des seaux pendant que vous leur parlerez.

3 **Encouragez votre équipe à vous poser des questions.** Je sais que vous n'avez qu'une envie : en finir le plus vite possible avec cette réunion pour vous mettre rapidement au travail. Cependant, si vous ne permettez pas à vos collaborateurs de vous poser des questions, que ce soit au cours de la réunion ou en face à face, ils mélangeront peut-être les faits, ne comprendront pas les priorités établies ou encore interpréteront mal vos instructions. N'oubliez pas que certains d'entre eux céderont peut-être à la panique et ne seront pas capables de penser clairement. En ne leur permettant pas de poser des questions vous leur demandez de gérer une crise alors qu'ils ne sont armés que d'informations incorrectes, de priorités incomprises et d'instructions erronées. Est-ce très sage ? Vous verrez, vous gagnerez du temps en fin de compte.

4 **Impliquez votre équipe dans les décisions clés.** C'est la meilleure façon de faire parce que les personnes acceptées dans le secret des dieux se sentent impliquées et responsable de la réus-

Pensez malin

Contrôlez vos émotions

Essayez de prendre conscience du ton de votre voix lorsque vous vous adressez à votre équipe. Même si vous êtes essoufflé, inquiet ou pressé, vous devez empêcher vos collaborateurs de paniquer. Ne laissez pas le ton de votre voix les alarmer. Montrez-leur qu'ils n'ont aucune raison de s'alarmer puisque vous conservez votre calme.

site du projet. Il est évident qu'en période de crise vous ne pouvez en aucun cas vous permettre de distribuer des questionnaires et d'organiser des réunions de groupes pour discuter des meilleures solutions à appliquer. Essayez cependant d'impliquer votre personnel autant que possible.

Si vous êtes responsable de plusieurs dizaines ou centaines de personnes, vous ne pourrez pas les impliquer toutes mais en général vous aurez la possibilité d'impliquer tous les membres de votre cellule de crise. « Qui pense que nous devrions appeler une ambulance ? » Ce n'est peut-être pas le meilleur exemple mais vous pouvez toujours leur demander s'il est préférable de se concentrer sur le remplacement du stand ou du matériel endommagé.

Impliquez tous les membres de votre cellule de crise dans les décisions clés

Toutes les crises ne se développent pas à la même vitesse. Si vous avez un peu de temps devant vous, essayez d'impliquer les employés dans les décisions. Prenons l'exemple suivant : l'un de vos employés est mort, rassemblez alors ses collègues et demandez-leur s'ils souhaitent assister à l'enterrement et ce que la compagnie pourrait faire pour l'occasion.

5 **Soyez disponible.** Lorsqu'une crise a des répercussions contraignantes ou émotionnelles (des bureaux ravagés ou un bouleversement des emplois du temps par exemple), le personnel aura certainement besoin d'en discuter avec vous. Ils seront peut-être inquiets, frustrés, énervés – voire fâchés. S'ils ont l'impression que vous n'avez pas de temps pour eux parce que vous êtes trop occupé, ils seront encore plus perturbés et démoralisés. Essayez de vous monter disponible pour leur donner des conseils, écouter leurs plaintes ou supporter leur mauvaise humeur. Ils ont besoin de vous.

6 **Faites savoir à votre personnel que vous êtes de leur côté.** Veiller à ce que toutes les personnes travaillant pour vous aient bien conscience que leur bien-être est une priorité. Montrez-leur que vous défendez leurs droits, aidez-les à résoudre leurs problèmes, à obtenir un délai supplémentaire pour rendre leur projet etc. S'ils s'aperçoivent que vous n'hésitez pas à travailler pour eux, ils seront tout disposés à vous rendre la pareille.

7 **Ne perdez jamais votre sens de l'humour.** Le rire est le meilleur remède contre le stress. En vous montrant humoristique ou en favorisant les plaisanteries au sein de votre équipe, vous donnerez l'impression d'être à l'aise et maître de la situation. Vos collaborateurs ressentiront moins les effets du stress parce qu'ils auront le sentiment que vous ne les incendierez pas à la moindre petite erreur.

En dehors des cas de vie ou de mort, essayez de ne pas oublier qu'à long terme, votre équipe est plus importante que la crise elle-même. Oui, il est impératif que vous arrangiez le site web, que vous répa-

Pensez malin

Au microscope

En y regardant de plus près, vous vous apercevrez que les règles de communication à respecter en temps de crise doivent l'être aussi au quotidien. Elles paraissent plus importantes dans ces moments-là parce que tout est amplifié : la susceptibilité, les résultats (bons ou mauvais), etc. C'est pourquoi les bons responsables en temps normal sont généralement tout aussi efficaces dans les moments difficiles. Le sang-froid ne sera probablement pas leur première qualité mais ils sauront d'instinct comment tirer le meilleur de leur entourage.

À long terme, votre équipe est plus importante que la crise elle-même

riez les bureaux endommagés ou que vous trouviez un stand de remplacement mais dans un mois, vous aurez tous oublié ces moments difficiles. Votre équipe, elle, sera toujours là et ses membres continueront à travailler ensemble. C'est pourquoi il est très important que les membres travaillent dans une atmosphère chaleureuse et enthousiaste.

Les crises internes

Nous nous intéresserons plus particulièrement aux crises qui portent atteinte à la cohésion de l'équipe. La plupart des crises appartenant à cette catégorie durent généralement plusieurs jours ou plusieurs semaines mais rarement quelques heures. Elles ne doivent pas être prises à la légère en raison de leur impact néfaste sur le bien-être à long terme de l'équipe. Ces crises surviennent généralement en cas de :

- **licenciements économiques ;**
- **surmenage : l'équipe effectue trop d'heures supplémentaires ;**
- **changements radicaux : résultant d'une fusion, d'une restructuration, d'un déménagement etc. ;**
- **mauvaises nouvelles : l'équipe n'a pas obtenu les fonds dont elle avait besoin pour mener à bien son projet, la demande de bureaux supplémentaires pour le département n'a pas été acceptée, etc. ;**
- **échecs : l'équipe n'a pas obtenu un contrat, n'a pas réussi à terminer un projet dans les délais ou bien encore sa négligence a provoqué un accident grave ;**

- **vols dans le département ;**
- **décès ou maladie grave ;**
- **liaisons sentimentales ;**
- **licenciement d'un membre de l'équipe.**

Tous ces événements ont des conséquences à long terme même si la crise elle-même est de courte durée. Veillez à consolider et non à affaiblir l'ensemble de l'équipe ou du département. Les sept règles de communication détaillées ci-dessus sont extrêmement importantes mais ce ne sont pas les seules règles à suivre en période de crise. Nous allons donc accompagner de recommandations chacun des exemples cités plus haut.

Les licenciements économiques

Aussi désagréable que cela puisse être, vous ne pourrez vraisemblablement pas les éviter. Montrez-vous compréhensif et n'oubliez pas que ceux qui restent ne se sentent pas en sécurité pour autant : ce sera peut-être leur tour la prochaine fois.

- **Toutes les informations qui vous parviennent doivent être transmises à votre équipe dans les meilleurs délais. N'attendez pas d'en savoir plus. Les employés ne sont**

Une crise peut avoir des répercussions à long terme même si la crise elle-même est de courte durée

pas dupes. S'ils sont maintenus dans l'ignorance, leur imagination aura tendance à s'emballer et ils auront vite fait de noircir le tableau. Votre silence ne les protégera pas, bien au contraire.

- **Ne vous faites pas prier, dites-leur tout ce qu'ils veulent savoir. Le nombre de licenciements, les départements touchés, les critères de sélection, etc.**
- **Ne vous laissez pas aller à des conjectures. Si vous n'avez pas l'information, vous pouvez essayer de vous renseigner mais évitez de spéculer. Ils risquent de vous prendre au mot à défaut d'autres informations.**
- **Une fois les licenciements annoncés, rassemblez le reste de votre équipe pour les rassurer. L'entreprise est maintenant beaucoup plus compétitive et ils ne risquent pas de subir le sort de leurs malheureux collègues licenciés.**

Surmenage

Votre équipe est peut-être surmenée par le trop grand nombre d'heures supplémentaires effectuées à la demande de l'un de vos supérieurs hiérarchiques. L'absence prolongée de l'un des membres – en congé maladie ou en congé maternité par exemple – peut aussi en être la cause.

- **Soyez toujours disponible, surtout en temps de crise. Non seulement vos collaborateurs travaillent plus dur mais ils n'ont peut-être pas l'habitude d'effecteur ce genre de travail ou de le faire à cette vitesse. Ils auront probablement besoin de votre compréhension et de votre soutien. Prenez le temps de répondre à leurs questions et de les aider.**
- **Montrez-vous moins exigeant. Si vos collaborateurs essaient d'abattre plus de travail sans obtenir de délais supplémentaires, n'espérez pas la perfection. Une**

équipe stressée et surmenée ne peut pas satisfaire les mêmes critères de qualité qu'une équipe détendue.

- **Prenez en charge une partie du travail supplémentaire. Si par exemple une personne est en congé maternité et que vous répartissiez son travail entre ses collègues, prenez en une partie. Vous pouvez désigner une personne en particulier mais dans ce cas soulagez-la d'une partie de ses dossiers. Évitez de lui retirer ceux qu'elles préfèrent ou ceux qui lui confèrent un certain prestige. Laissez-la choisir.**
- **Essayez de réduire au maximum la surcharge de travail et faites en sorte que vos efforts se remarquent. La pression ne dure parfois que quelque temps mais elle peut aussi s'installer durablement. Vos paroles d'encouragement et de compréhension peuvent finir par sonner creux aux oreilles de votre équipe. Elle aura peut-être l'impression que vous ne leur dites qu'ils sont merveilleux que pour éviter de remédier à la situation.**

Pensez malin

État d'urgence

La reconnaissance du travail effectué est particulièrement importante lorsqu'une équipe subit une pression de longue durée. Reconnaissez leurs mérites et ne ménagez ni vos remerciements ni les compensations.

Évitez de spéculer si vous n'avez pas l'information

Gérer les changements

Fusion, offre publique d'achat, restructuration, nouvelle législation, déménagement… la liste est longue.

- **Pour commencer, essayez de prévenir les membres de votre équipe le plus tôt possible et donnez-leur tous les détails à votre disposition.**
- **Impliquez-les dans les décisions chaque fois que vous le pouvez en organisant des réunions et en les invitant à poser des questions, à faire des commentaires ou à proposer des suggestions.**
- **Encouragez-les à formuler leurs objections et montrez-vous compréhensif. Certains résistent au changement parce qu'ils apprennent lentement ou parce qu'ils pensent que cela va affecter leur travail en le rendant moins important ou moins intéressant. Demandez-leur de s'exprimer sans retenue.**
- **Traitez chaque objection au cas par cas. Les changements prévus entraîneront forcément quelques désagréments. Ne les niez pas mais expliquez-leur en quoi ils seront largement compensés par les avantages.**
- **Une fois les changements effectués, surveillez l'évolution des réfractaires jusqu'à ce qu'ils vous disent qu'ils ont trouvé leurs marques.**

L'attribution de nouveaux bureaux est une question que la plupart des dirigeants trouvent épineuse. Le côté pratique du déménagement ne pose aucune difficulté. Les tensions portent rarement sur des aspects opérationnels mais plus souvent sur des questions statutaires Ces dernières peuvent être à l'origine de crises sérieuses si vous ne vous montrez pas diplomate.

Pensez malin

Problème ou opportunité ?

Certains accueillent favorablement les changements pour le défi qu'ils représentent. Vous devez veiller à ce que ces membres ne rabaissent pas ou n'écartent pas ceux qui l'assimilent à une crise et non à une gageure.

- **Certains bureaux sont plus convoités que d'autres pour le prestige qu'ils confèrent à leurs occupants. Les membres n'admettront jamais les vraies raisons qui leur font désirer tel ou tel bureau, ils invoqueront des prétextes plus ou moins plausibles : « J'ai besoin d'être près du parking pour charger ou décharger les échantillons plus facilement » ou « Comment pourrais-je conduire des entretiens dans un bureau ouvert ? »**
- **Aborder ce sujet de front ne servirait à rien car ils nieront toujours leurs véritables raisons. Cependant, si vous avez touché le fond du problème, vous pouvez satisfaire leur ego avec des moyens détournés : leur nom sur la porte, des cartes de visite personnalisées, un meilleur intitulé de fonction, etc. Tout ce qui leur permet d'asseoir leur position.**

Les aspects opérationnels d'un déménagement sont moins problématiques que les questions statutaires

- **N'oubliez pas que la notion de statut est à la fois subjective et relative car subordonnée à l'entourage. Si Pierre n'est pas satisfait du bureau que vous lui avez attribué c'est peut-être parce qu'il le compare à celui de Paul. Selon lui, le bureau de Paul est mieux alors qu'ils occupent tous deux des postes similaires. Vous pouvez, dans ce cas, utiliser les procédés vus plus haut. Attention toutefois, si vous changez aussi l'intitulé de poste de Paul et qu'il reçoit lui aussi des cartes de visites à son nom, vous n'aurez pas résolu le problème. Attribuez à chaque rival son propre symbole de pouvoir personnel. La comparaison ne doit pas être facile. Est-il préférable d'avoir un bureau somptueux ou un titre évocateur? Difficile à dire, n'est-ce pas? Avec un peu de chance, Pierre et Paul auront eux aussi du mal à comparer.**

Les mauvaises nouvelles

- **Vous n'avez finalement pas été choisis pour emménager dans les nouveaux bureaux que la compagnie vient d'acquérir. Votre équipe devra se contenter de ceux qu'elle occupe actuellement, aussi peu reluisants soient-ils.**
- **Vous avez à nouveau examiné le budget et vous ne pouvez absolument pas vous permettre d'embaucher une intérimaire pour aider votre équipe à boucler dans les temps l'important projet en cours. En conséquence, vos collaborateurs devront se partager la surcharge de travail.**
- **Le conseil d'administration vient d'annoncer un nouveau plan de licenciement et votre équipe ne sera probablement pas épargnée.**

Certaines mauvaises nouvelles affectent tout un département et il n'est guère plaisant d'en être le messager. Le moral de votre équipe risque d'être sérieusement atteint et il faudra du temps avant que ses membres ne s'en remettent. Montrez-vous aussi positif que possible sans toutefois en faire trop : une gaieté ou un optimisme exagérés seraient déplacés.

- **Dites-leur pourquoi ces décisions ont été prises. Si vous ne faites pas partie des décideurs, informez-vous auprès d'eux.**
- **Montrez-vous compatissant, plaignez leur infortune et dites-leur qu'ils auraient mérité de déménager dans ces nouveaux bureaux, ou une aide supplémentaire sur ce projet, etc. Malheureusement, les circonstances n'étaient pas favorables.**

Pensez malin

Des bénéfices de la distraction

La mauvaise nouvelle une fois annoncée, essayez de lancer votre équipe sur un nouveau projet dans lequel elle s'investira pleinement. Choisissez de préférence un projet avec de bonnes chances de réussite. Si votre équipe est très douée pour organiser les présentations, faites en sorte d'en prévoir une le plus tôt possible pour distraire leurs pensées.

Adoptez un ton positif quand vous annoncez des mauvaises nouvelles

- **Des mesures compensatoires suffisent parfois à amoindrir l'effet des mauvaises nouvelles. Si vous ne pouvez pas déménager, vous pouvez sans doute réaménager les anciens bureaux. De même, embaucher une intérimaire pendant trois mois est peut-être impossible mais rien ne vous empêche, tant que cela reste dans le budget, de sous-traiter une partie de travail.**

L'échec

Les mauvaises nouvelles ne sont pas toujours le fruit du hasard. Votre équipe n'a peut-être pas obtenu ce contrat sur lequel elle travaillait depuis des mois parce votre dossier n'était pas aussi bien monté que celui de vos concurrents. Autre exemple : la négligence de vos collaborateurs est à l'origine d'un accident de voiture mortel car la barrière de sécurité supposée arrêter la voiture présentait des défauts de construction qu'ils n'avaient pas repérés. Toutes les recommandations mentionnées plus haut sont applicables ainsi que les suivantes :

- **Ne niez pas l'échec, reconnaissez-le. Insistez sur le fait que vous n'êtes pas mécontents d'eux et qu'en tant que leader, vous êtes le principal responsable. Vous aussi faites partie de l'équipe.**

- **Votre travail, vis-à-vis de vos supérieurs directs, consiste d'une part à endosser la responsabilité de l'échec et d'autre part à louer votre équipe et ses membres. L'armée a coutume de dire qu'il n'existe pas de mauvais soldats mais des officiers incompétents. Vos collaborateurs ont besoin de savoir que vous êtes avec eux et qu'ils peuvent compter sur vous, même en leur absence.**

- Réunissez votre équipe pour analyser ses faiblesses et les erreurs que vous avez commises. Ils doivent apprendre à retenir les leçons de leurs échecs pour ne pas les renouveler. La prochaine fois ils seront plus vigilants. Reconnaître et accepter ses défaites est indispensable pour progresser.
- Cette étape franchie, rappelez à votre équipe ses points forts. Rien n'est tout blanc ou tout noir. À vous de les identifier et de les mettre en exergue. Cela vous permettra en outre de terminer sur une note positive.
- N'hésitez pas à tourner l'affaire en dérision. Cela détendra l'atmosphère, baissera la pression d'un cran ou deux et montrera à votre équipe que ce n'est pas la fin du monde. Veiller cependant à :
  - être prudent si l'échec en question est à l'origine d'une maladie sérieuse, de blessures graves ou d'un décès.
  - ne pas prendre un membre de l'équipe pour cible (sauf s'il s'agit de vous-même bien entendu).
  - éviter les plaisanteries qui renverraient une mauvaise image de l'équipe et les mettraient mal à l'aise. Veillez à bien choisir votre cible. Vous pouvez vous moquer du concurrent qui a remporté le contrat, d'une petite erreur imputable à toute l'équipe et non à un membre en particulier ou encore de détails sans importance échappant à leur contrôle. Vous avez l'embarras du choix mais ménagez votre équipe.

Votre travail consiste à endosser la responsabilité de l'échec et à reconnaître la valeur de votre équipe et de ses membres

Le vol

Le vol est un délit qui doit être réglé par la police. Chercher le coupable ne rentre pas dans vos attributions mais aider la police à le démasquer oui. L'équipe peut vivre cet incident comme une crise si les suspicions se portent sur le personnel : l'un d'entre eux est peut-être le coupable.

- **Les activités doivent se poursuivre normalement. Transmettez à la police, en privé, toutes les informations qui pourraient lui être utiles mais n'en faites pas plus. Restez vigilant mais ne commencez pas à fouiller tous les bureaux après le départ des salariés ou à vérifier les relevés des caisses de dépenses courantes. Ils s'en rendront forcément compte.**
- **Si les membres de votre équipe pensent, ne serait-ce qu'un instant, que vous ne leur faites pas confiance, votre relation en pâtira inévitablement. En effet, une fois le coupable arrêté, les membres innocents (et il se peut qu'ils le soient tous) devront continuer à travailler avec vous, tout en sachant que vous les avez tous crus capables de voler. Si vous n'avez suspecté qu'un ou deux d'entre eux, ce sera encore pire.**
- **Citez votre équipe en exemple. Tant qu'on ne vous aura pas prouvé le contraire, votre attitude devra être la suivante : « Aucun membre de mon équipe n'a pu se rendre coupable d'un tel forfait. Nous serons sur nos gardes mais nous n'avons aucune raison de laisser cet incident perturber notre travail puisque nous sommes tous innocents. »**

Décès ou maladie grave au sein de l'équipe

Ces épreuves sont très éprouvantes pour une équipe. Tact et diplomatie sont donc de rigueur. Les membres de votre équipe seront particulièrement émotifs et vous jugeront sévèrement si vous vous montrez insensible. Mais ne vous inquiétez pas, ils verront bien que vous êtes vous aussi sous le choc et ils vous pardonneront.

- **Prévenez votre équipe aussitôt que la nouvelle d'un décès ou d'un accident vous parvient.**
- **Attendez-vous à ce que certains soient extrêmement choqués. Si votre société emploie un psychologue ou un docteur, arrangez-vous pour qu'il soit disponible. Si la nouvelle est inattendue et particulièrement bouleversante pour les collègues proches de la personne concernée, donnez-leur un jour de congé ou plusieurs. Tout le reste doit passer au second plan. Si votre équipe pense que vous accordez plus d'importance au travail qu'aux employés, ils ne vous respecteront plus et perdront confiance en vous. La cohésion et la force de votre équipe sont bien plus importantes que votre emploi du temps du jour. Tout le monde comprendra que vous annuliez un rendez-vous, une présentation ou que vous fermiez le magasin dans ces circonstances.**

Si les membres de votre équipe pensent que vous ne leur faites pas confiance, votre relation en pâtira inévitablement

Pensez malin

Soyez généreux

Vous hésitez sur la marche à suivre vis-à-vis de vos employés, de la personne blessée ou de la famille de l'employé décédé ? Penchez toujours du côté de la générosité. Quel que soit le sujet de vos préoccupations : le nombre de jours de congés à accorder aux employés, la taille du bouquet, etc. personne ne se plaindra si vous vous montrez généreux. Ne lésinez pas car vos employés pourraient ne pas apprécier de travailler pour un grippe-sou.

- **Si la personne est morte, donnez un jour de congé à ses collaborateurs pour qu'ils puissent se rendre à ses funérailles et accompagnez-les. Veillez à ce que la société envoie des fleurs, indépendamment de celles envoyées par ses collègues, que ce soit à titre individuel ou collectif.**
- **Donnez-leur le temps de se remettre (plusieurs semaines si nécessaire). Ne laissez pas ce sujet devenir tabou, vos collaborateurs doivent se sentir libres d'en parler et d'exprimer ce qu'ils ressentent.**
- **Reconnaissez vos erreurs si vous en faites : « Je vous prie de bien vouloir m'excuser pour vendredi. J'aurais dû vous accorder la journée. Je ne m'étais pas rendu compte à quel point vous étiez affectés par cette nouvelle. »**
- **Si l'un de vos collaborateurs, qui vient d'apprendre qu'il était atteint d'une maladie grave, continue à travailler au sein de l'équipe, convenez avec lui de ce qu'il désire faire. Il souhaitera peut-être garder le silence ou informer personnellement ses collègues, individuellement ou en groupe. Il peut aussi préférer que vous le fassiez à sa place.**

Les liaisons sentimentales

Un membre de votre équipe a une relation sentimentale avec l'un des directeurs de la société. Deux de vos collaborateurs entretiennent une liaison alors qu'ils sont mariés tous les deux. Qu'allez-vous faire ?

- **La bonne nouvelle est que vous n'allez absolument rien faire dans 95 % des cas. Ce n'est pas une crise. On pourrait même ajouter que cela ne vous regarde pas.**
- **Cela ne deviendra une crise qu'à partir du moment où le travail au sein du département en sera affecté. Vos collaborateurs pourraient avoir l'impression qu'un tel reçoit un traitement de faveur en raison de sa liaison avec un supérieur hiérarchique par exemple. Ils pourraient aussi le considérer comme un espion. Pire : si l'une des personnes concernées est mariée, ou les deux, un employé du département aura peut-être averti l'un des conjoints.**
- **Adressez-vous en privé aux personnes concernées et dites-leur que vous n'êtes pas satisfait de la tournure que prennent les événements. Si deux membres sont impliqués, convoquez les séparément. Ils pourraient ne pas parler librement.**
- **Ne modifiez en rien votre attitude. Si le reste de l'équipe avait l'impression que ce collègue bénéficiait d'un traitement de faveur en raison de sa relation privilégiée avec un supérieur hiérarchique, vous vous discrédite-**

Tant que ces relations ne nuisent pas au travail de l'équipe, ce n'est pas une crise

riez. Donnez l'exemple en montrant que cela ne fait aucune différence et il ne devrait pas y avoir de problème.

- Les liaisons entre deux membres d'une même équipe peuvent se révéler extrêmement destructrices lorsque les protagonistes se séparent en de mauvais termes. La situation pourrait même s'envenimer si les autres membres en venaient à choisir leur camp. Convoquez les deux antagonistes et avertissez-les que leur vie privée porte atteinte à la cohésion de l'équipe, ce qui ne saurait être toléré. Ils doivent impérativement parvenir à un terrain d'entente au travail.

- Adressez-vous ensuite aux autres membres de l'équipe en les convoquant un à un. Voici ce que vous pourriez leur dire : « Ce qui se passe entre Vincent et Stéphanie ne nous regarde pas. En revanche, et je veux que cela soit clair pour tout le monde, y compris pour eux deux, il n'est pas question que cela entrave notre travail. Quelle que soit votre opinion sur le sujet, je veux que vous la mettiez de côté pendant les heures de bureau. Ce n'est pas facile, j'en ai conscience mais c'est important pour l'équipe. »

Licencier un membre

- S'il vous arrivait de devoir licencier un employé, réunissez le département après son départ. Expliquez-leur que vous regrettez d'avoir dû en arriver là et que cette décision n'avait rien de personnel. Vous avez été contraint de vous séparer de cette personne parce qu'elle empêchait l'équipe d'exploiter tout son potentiel. Ses collègues en auront probablement eu conscience et ils sauront à quoi vous faites allusion. Si les circonstances le permettent ajoutez que cette personne n'était pas incompétente à proprement parler, elle n'était tout simplement pas apte à travailler au sein de cette équipe.

- **Montrez-leur que vous êtes sûr d'avoir agi dans le meilleur intérêt du département et que vous êtes persuadé qu'ils seront encore plus performants à présent. Dites-leur bien que, d'après vous, tous les autres membres de l'équipe occupent une place importante et que leur contribution est essentielle.**

Il n'est jamais très agréable d'accomplir ce genre de besognes mais dites-vous bien qu'il en est de même pour le reste de l'équipe. Il se pourrait même qu'ils le vivent plus mal que vous. Veillez donc à toujours les traiter avec respect même si

Pensez malin

Motus et bouche cousue

Ne vous laissez jamais aller à donner aux membres de votre équipe des informations confidentielles sur les fautes commises par leurs anciens collègues. Non seulement cela pourrait avoir des conséquences juridiques mais en plus les employés penseraient que vous pourriez également manquer de discrétion s'ils quittaient le département.

Ne donnez jamais aux membres de votre équipe des informations confidentielles sur les fautes commises par leurs anciens collègues

vous subissez une intense pression. Reconnaissez les difficultés rencontrées par votre équipe et le mérite qu'ils ont eu à les surmonter. Avec du recul, vous vous rendrez compte que vous avez effectivement bien géré la situation et que votre équipe est encore plus soudée qu'auparavant.

La prochaine fois

À l'avenir

Apprenez les sept règles d'or de la communication et exercez-vous à les mettre en pratique au quotidien. Vous aurez ainsi beaucoup plus de facilité à les appliquer lorsque la prochaine crise surviendra.

Pensez malin

Pause

Détendez-vous, prenez une pause, nous avons presque fini.

Reconnaissez les difficultés rencontrées par votre équipe et le mérite qu'elle a eu à les surmonter

5 Contrôlez la presse

Les drames attirent l'attention du public. Attendez-vous par conséquent à ce que les médias s'intéressent à un grand nombre de crises. On pourrait les comparer à des hyènes affamées attirées par l'odeur du sang. Vous avez non seulement une crise à gérer mais vous devez aussi vous occuper de la presse car les journalistes vous dépèceront à la moindre occasion.

En temps de crise, la presse peut être une bénédiction ou une malédiction. Cela dépend de vous. Il arrive parfois que les médias vous soient favorables dès le début. Ce sera notamment le cas si vos entrepôts ont été gravement endommagés par une tempête ou si un camion a quitté la route pour s'encastrer dans la devanture de votre magasin. Vous vous attirerez alors la sympathie des journalistes et leur bienveillance.

Les médias ont généralement tendance à chercher un coupable et vous êtes bien trop souvent tout désigné.

Si vous planifiez des licenciements, si vous avez pollué la rivière communale ou si des équipements défectueux ont provoqué un accident, les journalistes s'efforceront de trouver des preuves qui vous accableront.

Ce qu'il convient de faire

Que faut-il faire ? La bonne nouvelle est que les conseils ne manquent pas. En effet, plusieurs milliers d'entreprises ont été confrontées à ce même problème pendant des années et nous bénéficions à présent de leur expérience. Votre attitude envers la presse et les autres médias peut avoir une influence sur la façon dont les journalistes couvriront l'événement. Amadoués, ils minimiseront les faits ; séduits, ils vous soutiendront. Nous allons donc examiner les règles de base à respecter pour contrôler la presse en temps de crise.

Gardez le contact

Informez la presse dès le début. N'attendez pas qu'ils vous harcèlent pour organiser une conférence de presse. Plus vous leur donnerez d'informations, moins ils auront besoin d'effectuer des recherches – et donc de déterrer un vieux scandale – pour obtenir de quoi écrire un article publiable. Ils pourraient alors mettre la main sur des scandales passés. Informez-les dès qu'ils se présentent à vos portes, n'attendez pas la fin de la crise pour leur parler.

La presse peut être une bénédiction ou une malédiction, cela dépend de vous

Pensez malin

Communication interne

N'oubliez pas de tenir vos employés régulièrement informés du déroulement des opérations. Si vous ne le faites pas, des employés mécontents et maintenus dans le flou pourraient décider de parler à la presse. Ils donneraient alors aux journalistes une version erronée et partielle des faits.

Soyez honnête

Est-ce que le nom de Richard Nixon vous dit quelque chose ? Si vous êtes convaincu de mensonges, vous êtes perdu. Le risque n'en vaut *jamais* la chandelle.

Pensez malin

Sans détour

Il y a plusieurs années de cela, une radio anglaise avait par erreur invité deux hommes politiques à la même émission. L'un des deux avait donc été annulé et la presse se demandait comment et pourquoi il avait été évincé de l'émission. Le directeur de la radio en question a alors eu une approche simple mais néanmoins ingénieuse face aux micros des journalistes. Il leur a juste dit « On a fait une boulette, c'est tout. » Sa réponse honnête et directe a pris la presse au dépourvu. Il nous arrive à tous de faire des erreurs de temps en temps et la presse peut le comprendre.

Restez simple

Voici trois règles à respecter pour garder les choses simples.

La première : la presse ne connaît pas votre entreprise aussi bien que vous. Tout ce que les journalistes souhaitent c'est imprimer une histoire simple et claire pour leurs lecteurs. N'embrouillez pas leur esprit avec des détails, du jargon ou des informations inutiles. Contentez-vous de leur délivrer un message clair. S'ils réclament plus d'informations, donnez-leur ce que vous pouvez mais attendez qu'ils vous le demandent.

La deuxième : essayez, dans la mesure du possible, de désigner un seul porte-parole. Vous éviterez ainsi qu'ils se contredisent l'un l'autre. Rabattez tous les journalistes vers un interlocuteur unique.

La troisième : ne spéculez jamais. Vous ne feriez qu'ajouter à la confusion. Les spéculations peuvent être assimilées à des faits ; cela arrive très souvent d'ailleurs. Si les journalistes vous demandent de deviner ce qui a provoqué la fuite de produits chimiques ou le nombre de licenciements prévus ou encore à quelle date l'immeuble sera réparé, refusez poliment de vous prononcer. Répondez simplement que vous l'ignorez.

Rabattez tous les journalistes vers un interlocuteur unique

En résumé :

1 Ne donnez pas plus d'informations que nécessaire.

2 Tenez-vous à une seule version des faits transmise par un interlocuteur privilégié.

3 Ne spéculez jamais.

Ne vous trompez pas de priorités

Vous scandaliserez vos interlocuteurs, les lecteurs et les auditeurs si vous abordez une catastrophe en termes de coûts alors que des personnes ont été blessées ou tuées. Montrez-vous tout aussi circonspect si vous avez pollué la rivière et anéanti toute forme de vie sur plusieurs kilomètres. Vos interventions officielles devront toujours prendre en compte les priorités du public ; elles sont les suivantes :

1 les individus ;

2 l'environnement ;

3 les biens matériels ;

4 les conséquences financières.

L'opinion publique

Intéressez-vous à la façon dont le public interprétera vos actions. Faire les bons choix est insuffisant, il faut que cela se sache. Imaginez la situation suivante : vous êtes producteur d'œufs et un reportage annonce la contamination d'un grand nombre d'œufs vendus en supermarché. La salmonellose en serait responsable et les consommateurs encourraient un risque sérieux.

Si vous réagissez en affirmant qu'il n'y a absolument aucun danger, les gens penseront que vous pouvez difficilement dire autre chose pour ne pas nuire à vos intérêts.

Il se peut que vous ayez raison et qu'il n'y ait aucun danger mais ce n'est peut-être pas le cas. Ce qui compte, c'est que les gens penseront que vous essayez de vous protéger. De leur point de vue, vous préférez mentir aux gens sur leur santé plutôt que de perdre de l'argent.

Essayez d'examiner votre version des faits avec leurs yeux et retravaillez-la si nécessaire. Ne niez pas l'importance de la crise. Dites que vous vous souciez beaucoup de cette menace qui pèse sur les œufs. Vous ignorez encore si le risque est réel mais vous avez demandé à ce que des recherches soient entreprises le plus vite possible. Vous pouvez envisager de donner des fonds à des laboratoires de recherche ou inviter des inspecteurs sanitaires à venir contrôler vos installations. Ne vous contentez pas d'approuver les recommandations officielles données pour vous aider à éliminer tous les risques, appliquez-les et faites-le savoir.

Soyez positif

Si vous avez l'air préoccupé ou pessimiste lors des interviews, les gens en déduiront que la situation est grave. Si vous êtes furieux, ils ne vous appré-

N'abordez jamais une catastrophe en termes de coûts si des personnes ont été blessées ou tuées

cieront pas. Votre comportement peut en dire long aussi montrez-vous toujours sympathique et positif, surtout devant les caméras de télévision.

Pensez malin

« Pas de commentaires »

Que pensez-vous lorsque vous entendez une personne interrogée dire : « Pas de commentaires. » ou lorsqu'un journaliste annonce que « La société s'est refusée à tout commentaire. » ? Vous en déduisez qu'ils ont des choses à cacher et qu'ils sont coupables. C'est bien normal, tout le monde en fait autant et c'est ce que tout le monde fera si vous le dites aussi. Si vous ne pouvez rien leur dire, il est préférable de répondre : « Je suis désolé, je ne dispose pas d'autres informations pour le moment. »

Si des personnes ont souffert, ne vous montrez pas trop jovial bien entendu. Soyez ouvert et courtois. Faites preuve de compassion à l'égard des victimes – que vous ayez accepté la responsabilité de la catastrophe ou non.

Montrez-vous amical

Les journalistes ne font que leur travail. Si vous voulez qu'ils vous appuient, vous devez l'accepter et ne pas leur en vouloir. Laissez-les utiliser le téléphone et la cafétéria. Proposez-leur de s'abriter dans une pièce chauffée si le temps est abominable dehors.

La presse doit toujours être traitée avec respect même si les journalistes ne vous renvoient pas vos politesses.

Montrez-vous aussi coopératif que possible en leur fournissant des dossiers de presse, des blocs-notes et tout ce qu'ils demanderont.

Comité de soutien

Si la presse est contre vous, essayez de contacter des personnes qui parleront de vous en bien. Il peut s'agir de clients satisfaits, de fournisseurs, d'ex-employés et de toutes les personnes dont l'opinion intéressera la presse et qui vous soutiendront. Ils affirmeront à la presse que vos normes de sécurité sont exemplaires, que vous êtes un employeur modèle, que vous êtes réputé pour votre fiabilité, etc. Les personnes étrangères à la compagnie ont toujours plus de crédibilité que les employés.

Pensez malin

Écartez les gaffeurs

Vous seriez prêt à parier que certains employés trouveront le moyen de gaffer. Ou, si ce ne sont pas des gaffeurs, ce seront peut-être des personnes mal intentionnées, mécontentes, aimant les potins ou tout simplement incapables de se taire. Il vous faudra impérativement identifier ces personnes en temps de crise, voire même avant de préférence. Maintenez-les aussi éloignées que possible de la presse. Trouvez n'importe quel prétexte, quitte à organiser un voyage d'affaires à Rio ou à Sydney s'il le faut mais ils ne doivent absolument pas entrer en contact avec les médias.

Les journalistes ne font que leur travail

Ne lésinez pas

Si l'on vous accuse, à tort ou à raison, d'avoir commis une erreur, réparez-la du mieux que vous le pourrez. Ne donnez pas aux gens qui vous rendent responsable de la crise une raison de se plaindre de votre réponse. N'hésitez pas à en faire plus que nécessaire. Accordez plus de temps libre à vos employés, remplacez ou remboursez les biens endommagés sans sourciller et peut-être même en les surévaluant, payez le nettoyage de la rivière *et* sponsorisez la mise en place d'une réserve naturelle. Montrez bien que vous êtes vraiment désolé de ce qui arrive et que vous faites tout ce qui est en votre pouvoir pour remédier à la situation.

Rappelez-vous que si, Dieu merci, les situations de crises ne sont pas votre lot quotidien, ce n'est pas le cas des journalistes pour qui elles représentent un gagne-pain. Ils auront forcément plus d'expérience que vous en la matière aussi ne tentez pas de jouer au plus malin. Vous ne réussiriez qu'à vous ridiculiser. L'honnêteté est la meilleure des stratégies.

Pensez malin

Vous vous souvenez peut-être de ce ferry échoué sur un banc de sable en Angleterre il y a quelques années. Les marées successives se montrant peu coopératives, les passagers durent attendre plus d'une journée avant que le ferry puisse continuer la traversée. La compagnie et l'équipage n'ont pas perdu une minute pour réagir. Ils ont tenu les passagers informés, remboursés tous les tickets et offert toutes les boissons et toute la nourriture qui se trouvaient à bord. Ils se sont pliés en quatre pour satisfaire leurs clients et compenser la gêne occasionnée.

Lorsque le ferry est enfin arrivé à quai, les journalistes se sont précipités pour interviewer les passagers qui descendaient. Grande fut leur déconvenue (enfin j'imagine…) de ne pas trouver de passager prêt à dire du mal de la compagnie. Tous s'accordèrent à dire qu'ils n'avaient tout simplement pas eu de chance et que l'équipage s'était merveilleusement occupé d'eux.

Si l'on vous accuse d'avoir commis une erreur, remédiez à la situation de votre mieux

La prochaine fois

Votre société et vous-même devez impérativement vous préparer à côtoyer les médias. Vous ignorez sûrement le genre de crise auquel vous serez confronté ou quand elle frappera mais vous connaissez certainement la loi de Murphy ou loi de l'emmerdement maximum. Ce n'est qu'une question de temps.

Plus une société est renommée, plus le risque d'un désastre médiatique est grand. Même si les chances sont minimes, vous avez intérêt à vous y préparer. C'est un exercice enrichissant puisqu'il vous pousse à réfléchir aux dangers possibles et aux différentes manières d'y répondre.

Nous allons examiner à présent les étapes à respecter en temps de crise :

- Le porte-parole désigné par vos soins s'occupera des relations avec la presse. Choisissez-le bien à l'avance. Cet interlocuteur peut varier en fonction de la nature de la crise. Cette ou ces personnes doivent suivre une formation spécifique sur les médias.
- Nous avons déjà abordé la nécessité de préparer une liste des crises potentielles. Puisqu'elles ont été identifiées, vous pouvez d'ores et déjà rédiger les communiqués de presse correspondants. Contentez-vous de les réactualiser et de combler les espaces vides lorsque vous en aurez besoin. Cela vous évitera d'avoir à en rédiger un sur le vif alors que l'eau est en train de monter.
- Vous pouvez aussi préparer toutes les autres lettres que les médias aimeraient consulter : lettres de rappel de produits adressées aux clients, etc.

- Élaborez un dossier de presse où figureront les normes de sécurité, les procédures d'évacuation, etc. N'oubliez pas de les vérifier et de les réactualiser chaque année si besoin est.
- Comment allez-vous accueillir cette masse de journalistes ? Où pourriez-vous improviser une salle de presse ? La cafétéria conviendrait-elle ?

Toutes ces étapes peuvent être franchies relativement vite et vous feront gagner un temps inestimable le moment venu. Votre équipe doit participer à tous ces préparatifs, ils seront ainsi mieux préparés en cas de crise. La presse doit absolument être bien traitée – même si cela peut être dur parfois – et il faut essayer de gagner les journalistes à votre cause.

La presse doit absolument être bien traitée même si cela peut être dur parfois

6 Gérez les lendemains de crise

Ça y est, c'est fini. Finalement, la pollution n'était pas aussi dramatique qu'on l'avait cru, l'inondation a été maîtrisée, le site web est à nouveau accessible, la vague de licenciements est derrière vous, le salon s'est très bien déroulé et votre stand improvisé a eu un énorme succès auprès de vos clients très compréhensifs, etc.

Affaire classée, me direz-vous ? Non, pas tout à fait. Avant de vous remettre au travail comme si de rien n'était, il vous reste encore quelques points à régler. Une fois la crise terminée, il est temps de prendre en considération sa dimension humaine.

Vous n'êtes pas le seul à avoir passé la dernière heure, semaine ou journée dans un état de crise. Votre entourage, vos collègues et peut-être quelques personnes extérieures à l'entreprise ont également souffert. Toutes ces personnes vous ont peut-être aidé à surmonter ces épreuves aussi rapidement et efficacement que possible. Vous devez à présent les remercier.

Les remerciements

Les personnes ayant souffert n'apprécieront pas d'être oubliés sitôt la crise terminée. Un petit geste de votre part et ils seront conquis. Il suffira parfois d'envoyer un petit mot, un bouquet de fleurs ou une bouteille de vin. Cela dépendra des circonstances mais surtout ne regardez pas à la dépense. Une carte de prompt rétablissement envoyée à un employé devant passer six mois sur un lit d'hôpital sera insuffisante. Une aide financière sera probablement plus indiquée à moins que vous ne choisissiez de lui offrir une superbe télévision pour lui changer les idées. Que vous soyez ou non responsable de l'accident à l'origine de ses blessures n'a aucune importance.

Si vous ne livrez pas vos clients à temps ou si vous ne réparez pas leurs machines dans les délais fixés, vous devez offrir une compensation. Propo-

Pensez malin

Personnalisez vos attentions

Adressez vos cadeaux, ristournes ou autres attentions à vos clients et non pas à l'entreprise qui les emploie. En effet, une remise ne les intéressera pas puisque ce n'est pas leur argent qu'ils économiseront mais celui de la société. Pensez à leur envoyer des cadeaux plus personnels.

Une fois la crise terminée, prenez en considération sa dimension humaine

sez leur un rabais sur leur prochaine commande, envoyez-leur une bouteille de champagne ou invitez-les à la prochaine soirée. N'oubliez pas de leur envoyer une lettre les remerciant de leur compréhension. Vous les fidéliserez davantage.

Apprenez à dire merci

Les personnes qui vous ont aidé à traverser cette crise méritent votre estime. C'est probablement l'une des raisons pour lesquelles elles vous ont soutenu. Ce n'est donc pas le moment de vous montrer timide. Dites-leur à quel point elles ont été efficaces. Et pour leur montrer qu'il ne s'agit pas de paroles en l'air, dites-leur bien en quoi elles ont été efficaces : « Comment avez-vous réussi à faire en sorte que tous les clients gardent leur calme ? » ou « Où avez-vous appris à bricoler comme cela ? Sans vous, nous aurions été perdus. »

Ne vous contentez pas de le dire à votre équipe, dites-le à qui veut l'entendre. Rédigez un rapport élogieux et envoyez-le aux membres du conseil de direction. Écrivez un article dans la gazette de l'entreprise. Proposez une récompense, etc.

Un cadeau de remerciement serait bienvenu. S'ils ont réussi à réparer l'ordinateur, invitez-les à déjeuner. S'ils ont sauvé la vie d'une douzaine de personnes, achetez-leur une voiture. La récompense doit être proportionnée mais surtout effective.

Dans la même collection

Ros Jay
Réussir une embauche
- Passer rapidement les CV au crible
- Mener l'entretien avec habileté
- Engager la bonne personne

Ros Jay
Réussir une présentation
- Construire son argumentation
- Utiliser les bonnes techniques
- Être persuasif

Ros Jay
Gérer un surplus de travail
- Dégager du temps
- Rattraper le retard
- Fixer les priorités

Ros Jay
Travailler avec des personnes difficiles
- Éviter les confrontations
- Comprendre leur caractère
- Améliorer l'ambiance de travail

Richard Templar
Trouver ses infos
- Fonder ses arguments
- Trouver les bonnes sources
- Utiliser Internet

Imprimé en France par I.M.E. - 25110 Baume-les-Dames
Dépôt légal : Mars 2001 - N° imprimeur : 14562

Le temps de récupération

Si le standard tombe en panne et que la réparation dure toute la journée, vous ne vous trompez pas en estimant que tout sera oublié le lendemain. Il y aura peut-être quelques appels en retard à donner mais rien de bien compliqué. Toutes les crises ne se résolvent pas aussi facilement et il faut parfois un certain temps pour s'en remettre.

Vous ne serez pas surpris d'apprendre que certaines catastrophes sont plus difficiles à oublier que d'autres. C'est notamment le cas lorsqu'il y a des morts ou des blessés ou lorsque des émotions très fortes entrent en jeu (échec, culpabilité, remords etc.) Vous ne pouvez pas demander à votre équipe de se remettre en un jour si elle est responsable d'une pollution majeure ou si elle n'a pas obtenu le contrat qu'elle convoitait.

Qu'allez-vous faire ? Abandonner ? Non, bien sûr que non. Faire comme si la crise n'avait jamais eu lieu ? Cela achèverait de démoraliser votre équipe qui penserait alors que vous ne vous souciez pas de ses sentiments. Voici donc quelques conseils à suivre pendant cette période de convalescence :

- **Une fois la crise terminée, réunissez tout le personnel afin de lui expliquer que vous n'ignorez pas que la situation est difficile en ce moment mais qu'il est temps de se remettre au travail. Montrez-vous compréhensif et**

Les personnes qui vous ont aidé à traverser cette crise méritent votre estime

optimiste. Rassurez-les en leur disant qu'ils sont assez forts pour surmonter cette épreuve.

- **Les membres de votre équipe doivent se sentir libres de venir vous parler. Ne leur donnez pas l'impression que le sujet est clos. La crise est peut-être derrière vous mais vos employés et leurs préoccupations sont toujours là.**
- **Montrez-vous moins exigeant. Le personnel mettra un petit peu de temps avant de retrouver son niveau de compétence d'avant les événements. Ne soyez pas trop dur avec eux. Assurez-vous simplement que la tendance est à l'amélioration.**

Pensez malin

Ne faiblissez pas

Vous pourriez être tenté de relâcher votre attention ou d'assouplir les règles, surtout n'en faites rien. Seules les modifications de nature à prévenir de nouvelles crises sont souhaitables. Les employés auront besoin de se raccrocher à une structure et à un mode de fonctionnement familiers et sécurisants.

Ça y est, vous voilà paré. Grâce à ce livre, vous et votre équipe êtes prêts à gérer toutes les crises qui se présenteront à vous. Et lorsque vous aurez réussi à traverser ces moments difficiles avec succès, j'espère que votre patron vous offrira au moins une bouteille de vin.

La prochaine fois

Il vous reste encore une dernière petite chose à faire. Réunissez votre équipe et dressez le bilan de toute l'opération. Qu'est-ce qui s'est mal passé et pourquoi. Le but de cette réunion n'est pas de tendre un doigt accusateur. Les éloges que vous avez adressés à chacun des membres de votre équipe leur auront certainement remonté le moral alors n'allez pas tout gâcher. L'ambiance doit être positive et optimiste.
L'objectif de cette réunion sera double :

- Pouvons-nous faire en sorte que cette crise – ou une autre similaire – ne se reproduise plus ?
- Pourrions-nous faire mieux la prochaine fois ?

Si vous n'apprenez pas les leçons que cette crise vous aura enseignées vous éprouverez autant de difficulté à gérer la crise suivante. Vous avez entre autres appris à reconnaître vos points faibles et vos points forts, veillez à travailler sur les premiers et à cultiver ces derniers.

Si vous n'apprenez pas les leçons que cette crise vous aura enseignées, vous éprouverez autant de difficulté à gérer la crise suivante

Une heure pour réagir

Ne paniquez pas. Vous ne pouvez pas vous le permettre. Vous n'avez qu'une heure pour réagir. Cela peut arriver. Voici quelques exemples : la moitié du département est clouée au lit par une épidémie de grippe alors qu'aujourd'hui vous lancez votre nouveau produit. Vous n'avez que ce délai pour empêcher la catastrophe avant que la presse et vos clients ne vous harcèlent. Votre directeur vient de vous appeler pour vous prévenir qu'il profiterait de l'heure du déjeuner pour annoncer la restructuration et tout votre département est en effervescence.

Que pouvez-vous faire lorsque vous êtes pris de court ? Que vous disposiez de quarante minutes ou de deux heures est secondaire. Comment utiliser au mieux ce temps qui vous reste pour dédramatiser la crise qui s'annonce ?

1 Commencez par définir la nature exacte de votre problème comme nous l'avons vu au chapitre I. Exemples : votre réel problème n'est pas le manque de main-d'œuvre mais que votre cérémonie d'ouverture ne soit pas aussi impressionnante que vous l'auriez souhaité. Vous ne pourrez pas conduire chaque visiteur à sa place, vous ne pourrez pas non plus leur offrir des rafraîchissements pendant la pause, etc.

2 Réunissez la cellule de crise, sauf si vous êtes tenu au secret. Reportez-vous aux pages 22 à 31. Si vous n'avez pas l'autorisation d'en parler à votre équipe ou s'ils sont tous malades, vous devrez franchir toutes ces étapes seul.

3 Commencez par identifier vos priorités : la cérémonie est-elle plus importante que les rafraîchissements ?

4 Réfléchissez à présent aux solutions. Quelqu'un pourrait s'éclipser discrètement et acheter des boissons fraîches au supermarché. Vous supprimez les boissons chaudes et vous laissez les invités se servir eux-mêmes. Pour ce qui est de la cérémonie, essayez de voir si vous ne pouvez pas supprimer les diapositives ou les effets sonores si la personne responsable est malade à moins que vous ne puissiez former quelqu'un rapidement.

Commencez par identifier vos priorités

5 Déléguez au maximum. Répartissez les tâches entre les personnes présentes (*cf.* pages 32 à 43). Vous devez avoir les mains libres pour superviser et traiter tous les problèmes qui pourraient survenir dans l'heure.

6 Ne disparaissez pas. Vous devez être joignable à tout instant.

7 Souvenez-vous des sept règles pour bien communiquer en temps de crise (*cf.* pages 46 à 52) Appliquez-les à la lettre et vous devriez vous en sortir tout en douceur.

N'oubliez pas les sept règles pour bien communiquer

Dix minutes pour réagir

Il ne vous reste plus que quelques minutes pour réagir. Dans dix minutes tout au plus, l'eau vous arrivera à la cheville, la moitié de vos ouvriers rendra son tablier, le dîner que vous avez prévu pour vos cinq cents invités ne sera pas cuit parce qu'il n'y a plus d'électricité dans la cuisine, etc.

Génial ! Il faut que cela vous tombe dessus maintenant, comme si vous n'aviez rien d'autre à faire ! C'est décidé, demain vous démissionnez. En attendant, vous êtes obligé de trouver une solution. Alors, qu'allez-vous faire ? Vous avez dix minutes et vous ne pouvez pas vous permettre d'en perdre une seule.

1 Prenez une profonde respiration. Prenez le temps de moduler l'adrénaline sécrétée par votre organisme avant de commencer. Ces cinq secondes d'inactivité vous permettront de garder la tête froide. Votre maîtrise servira d'exemple à votre entourage.

2 Identifiez rapidement la véritable nature de votre problème (*cf.* pages 14 à 17).

3 N'oubliez pas l'ordre des priorités en temps de crise : les personnes en premier puis l'environnement, les biens matériels et l'argent en dernier. Vous devez donc vous demander dans un premier temps s'il y a des personnes en danger. Si c'est le cas, oubliez tout le reste et mettez-les en sécurité.

4 Une fois ce premier danger écarté, identifiez vos priorités. Si vous êtes confronté à plusieurs problèmes à la fois, concentrez-vous sur le plus urgent.

5 Réfléchissez, seul ou avec votre équipe, à toutes les options possibles. L'état de crise pousse irrésistiblement à l'action mais on ne doit pas faire n'importe quoi. Vous devez résister à ce désir impérieux et prendre le temps de réfléchir posément.

6 Supervisez les opérations et déléguez autant que possible. Votre attitude et votre ton de voix doivent être fermes pour bien montrer à votre équipe que vous contrôlez la situation. Les suggestions constructives et pertinentes sont les bienvenues mais vous n'avez pas de temps à perdre en polémiques.

Inspirez profondément

7 Relativisez. Ne perdez pas votre sens de l'humour et imaginez-vous en train de raconter cette histoire à vos amis. Cette approche vous aidera à conserver votre calme et à être rationnel. Cette situation est peut-être un cauchemar pour vous mais sauf si des personnes sont grièvement blessées, vous serez le premier à en rire quand tout sera terminé. Il ne me reste plus qu'à vous souhaiter bonne chance !